不是不愛，只是不知道怎麼愛

Z世代的親密困惑

伴侶諮商大師 林蕙瑛 博士◎著

目錄

推薦序

戀愛到底有沒有ＳＯＰ？這件事，我從青春期戀愛腦、當婦產科／生殖醫學科醫師問到當上立法委員，問了二十多年，答案始終是：「沒有，但真的很需要。」

因為我見過太多戀愛後跑來看診的人，說是肚子痛、胸悶、失眠、胃食道逆流，一問之下其實是「心悶」；男友突然消失、女友對你冷淡、曖昧對象已讀不回、戀愛三週卻被提了分手……戀愛雖然不在健保項目裡，卻常常是求診的真實原因。

所以當我收到作者寫推薦序的邀請時，內心只有一個念頭：「終於有人把這些戀愛裡的眼淚與疑問，整理成一包了！」

這本書很特別，它不像一般的戀愛工具書要教你如何脫單、撩人或挽回愛情，它比較像一個很懂你的朋友，會靜靜地陪著你，然後用一句話點醒你。

它會告訴你，「不是每一次挽回都值得，真正值得的，是你自己。」；它也會提醒你，「小孩不是愛的證明，是責任的開始。」；還會拉你一把說：「當你開始懷疑自己是不是太敏感，其實你早已被控制。」

作者透過二十多篇濃縮青春的情感故事，講的不只是戀愛，更是自我認識、關係界線、價值選擇，還有成長這件事。

我在立法院推動性別平權、親密關係暴力防治、情感教育納入校園課綱，一直相信：「學會好好談戀愛，是人生最基本的修煉。」

這本書，不只補上學校沒教的戀愛課，更用說故事的方式，帶年輕人一步步看懂自己在關係中的樣子——愛是什麼，自己又是誰。

不管你現在正在談戀愛、失戀、單身、曖昧卡關，還是剛分手後陷入自我懷疑，這本書都很值得打開。它不保證你戀愛順利，但能陪你一起生出面對愛情的勇氣。

我真心推薦給每一位年輕的你，也推薦給所有想重新認識愛的你。因為每一段不完美的愛情，都是我們成為更好的自己的過程。

陳菁徽（醫師／立法委員）

自序

請問你今年幾歲？是在十八到二十九歲之間的成年初顯期嗎？如果是，那這本可因閱讀而治療的書就是為你而寫的！

詹森．阿內特博士（Jensen Arnett）是美國Clarke University的心理學教授，一九九五年訪談了三百位十八至二十九歲的年輕人，發現他們還是具有青少年時代的一些特性，也還沒有達到成年人的成熟，仍在生活中學習與掙扎，就把這個階段稱為成年初顯期（emerging adulthood），台灣的翻譯起先為「湧現成年期」，也有人翻成「新興成年期」，不過現在的統一翻譯是「成年初顯期」。

當然也可更具體的針對十八到二十五歲這段時期，既不認為自己是青少年，也不覺得自己已經是成年人。他們獨立於社會角色和規範性期待之外，也不需要負擔成年人面對生活的規範性責任。這段時間有各種的可能性，對未來缺乏明確的感覺。這種現象的出現，是在過去幾十年來美國的社會與經濟改變，引起心理學家的重視，在進步的目前台灣社會中亦然。

心理學的論點是，有太多的機會讓這個年齡層的人去進行角色實驗。在愛情、工作和世界觀各方面有太多不同的可能性，需要逐一去探索及檢驗，才能為自己做下長期的承諾。（相對，在資源少、機會少的環境，成年初顯期階段就比較短）。

人有追求親密關係的需求，自青春期起，就學習在生活中與同性及異性建立親密關係，隨著年齡成長，進入成年初顯期，生活經驗逐漸增加，個人原則形成，就希望能與某位異性維持長遠穩定的親密關係，而一般人總認為談情說愛是私事，自己進行即可，開心時兩人甜蜜，吵架時不是自己憋在心裡，就是向閨蜜好友訴苦。只是感情關係並非任何男女湊在一起即可培養而成，個人有其個性脾氣、家庭影響、生活背景、價值觀及生活習慣、脾氣等，往往在交往過程中，甚至有了肌膚之親許久後，才感到彼此的不相容，明知交往對象不合適，卻進入進退兩難、難以割捨的局面。男女、男男或女女，時常因感情不符合期待而煩心消瘦，消耗甚多的心思及體力，甚至因期望未能達到而產生憂鬱症或傷己傷人之事。

每次接個案，或者聽學生談起感情困擾，或在讀者投書中，所讀到的種種為情所

苦，自我傷害或傷害對方的案例，內心總是波濤起伏，一方面同理當事人，一方面為他們感到遺憾及叫屈，如果個人能夠多為對方設想，忍一時之氣，多熟悉處理負面情緒、控制行為的方法，並願多學習人際交往的技巧，就可以省掉許多痛苦摸索，避免走上翻臉成仇或情傷情殺的慘劇。

本書分門別類的訴說成年初顯族的感情故事，分析其中困難及負面行為產生的原因，個人或雙方經驗的過程，以及造成的感受及影響，以客觀的分析方法，簡言直敘預防之道，及處理或補救的方向，希望能引起讀者的共鳴，有切身的感受，而後重新省視自己或大或小的情感困擾，進而建立改善之心，採取新行動之實。

通常當局者迷，處在情緒之中，經常會責怪對方或對對方有更多的期待，很難冷靜看待現狀，明瞭問題的癥結在哪裡。當個人有動機，想要跳脫目前困境，亟思有所改變時，他／她可以經過閱讀治療，自己先經過閱讀本書的感情問題處理方式和引導方向，有所領悟獲得洞察，然後雙方試著敞開心懷，進行溝通協商。

身為本書作者、諮商心理學教授與實務工作者，亦非常鼓勵想要自我成長、感情溫馨、工作順利的成年初顯族群讀者，可以去尋求諮商，由心理／婚姻諮商師或企業的員工諮商師來協助，自客觀角度來分析當事人的認知、情緒與行為，協助當事人對自己的情況以及行為所造成的影響，能夠更快的看清楚問題。經過指引之後，當事人可漸漸培養獨立思考，對自身問題有洞察能力，對自己有深入了解，並憑藉自己所學到的策略發揮潛能，以自我智慧的創意作法去處理感情的困擾，調適自己的心情，進而促進彼此關係的和諧。

祝你的成年初顯期感情順利，少走崎嶇路！

林蕙瑛

二〇二五・六・十寫於外雙溪東吳大學

1／告白，是溝通的開始

人都有親密關係的需求，尤其是年輕人，情竇初開，對愛情有憧憬，但戀愛不是說愛就愛，它是有歷程的。萬般皆起頭難，要讓對方知道自己的心意，對有些人來說可能是一件困難的事情。往往因為很在乎，或對自己沒信心，或者不確定結果會如何，因而怯於表達。

對於自己心儀的對象，有可能因為不熟，但遠遠觀之，日夜存於心，情意醞釀已久，也有可能已經是好朋友，卻因相處久了，逐漸產生情愫。無論是同性戀或異性戀，告白都是一個關卡，一不小心就會破壞原來的關係與感覺；即使對方有正向的回應，雖說好的開始是成功的一半，也不能保證以後的交往就一帆風順。

「告白」就是告訴對方，講白了自己的愛慕，想要自單一成雙。對於從未交過男女朋友或剛開始想要交往的人，告白並不是一件容易的事。通常可分為幾種情形：不敢告白、想告白不知如何告白、一天到晚告白、告白失敗、告白成功。而被告白者也有兩種情形：不接受告白、接受告白。

其中：

1.不敢告白的人，通常是暗戀、單戀已久，暗自觀察，把對方看成心目中的女神／男神，擔心自己配不上，或她／他身旁有太多的追求者，所以就一直放在心裡，苦了自己。也許有一天他會猛然覺悟，決定勇往直前，或者乾脆放棄。

2.想告白不知如何告白的人，私下會演練很多次，也會請教同儕，或從小說、電影上學習他人告白的招數，自己還是不太敢用，也是相當苦惱。

3.一天到晚告白者，就是想把自己愛慕之情傳達給對方。這是從喜歡，也就是利己的觀點來告白，卻沒有觀察到對方的情緒，體會其心境，告白多了，當然是反效果。如果有效果，一次就可以成功。

4.告白失敗者，期望落空了，當然非常失望，打擊很大。除了不解對方為何不能接受，自己的信心與士氣都大受影響，以後就很難踏出建立情感關係的第一步。

所以一定要有心理準備，不可落入「告白」的迷思陷阱。告白失敗就表示自

己不是對方的菜，不可強求。

所謂迷思（myth）就是似是而非的觀念，有些事從前是對的，但現在行不通，或者根本就是錯誤的想法。

- 我都向對方告白了，對方一定會答應的，或者非答應不可。
- 只要持之以恆，不斷地告白，一定會成功。
- 只要對某個對象有特別的感覺，就應該勇敢告白。
- 告白被接受了，當然就算成功，的確，好的開始是成功的一半，可順利進入雙方互動發展感情的初始階段。

至於被告白者的回應，也不僅僅是「YES」或「NO」。若不接受對方告白，要如何恰當的回應，才不會傷害對方，也不會使得交情變質，這也要看被告白者的個性、涵養及成熟度。通常接受對方的告白，其實自己本身也早有感覺，帶有情愫了。有了臨門一腳，雙方合意，就可以展開交往了。

案例一：對象是母胎直男

我與乙男認識三年，近期因為一些原因接觸頻繁，更加認識彼此，也默默的曖昧一個多月，但越曖昧越覺得到底該如何打破這層關係比較好？

對象是母胎直男，個性活潑心思細膩，能感覺出是比較謹慎的人，平常兩人也會膩在一起打鬧，我會主動邀約對方出遊或展開話題，他的反應也不錯，有共同話題可以聊。但問題在於兩人都想太多，不敢鼓起勇氣告白，連共同朋友也覺得我們彼此都對對方有意思，卻很害怕因不合適而分手。

想問曖昧到交往階段期間要如何磨合，因為他沒交過女朋友，我也只交過一任，很害怕不知道怎麼維持感情，所以遲遲不敢向他表白。我到底該如何做呢？

案例二：想告白又怕被拒絕

我和丁女同在社團，從一開始就對她很有好感，在社團也時常出雙入對。只是我倆都屬於不善表達的類型，始終沒有表達出對對方的想法。我只敢當成朋友的互動，不敢多想。

我是比較脆弱，很怕壓力的人。為了不被拒絕，且很想要維護現在的友誼，不敢向丁女確認關係。這樣曖昧了將近一年，我越來越擔心和丁女會一直做朋友而無法進一步交往，也擔心她會被別的男生追走。我很想開口，可又很怕被拒絕，請問要如何向她表達愛意？

問題原來是這樣！

〈案例一〉中，甲女很想向乙男表白，她的主動性比較高，找話題聊天或約對方出遊，在互動關係中感覺良好。她似乎有相當的把握，男生跟她有同樣的感覺。她也覺得，因為兩人經常在一起，在別人眼中感覺他們像是一對。

然而女生也有一些隱憂，就是男生沒交過女朋友，在感情上不知道是裹足不前，還是特別謹慎。由於男生只是被動與配合，並沒有想要表白，女生也就遲遲不敢。她會跟好朋友訴說，她們當然會鼓勵並力促，聽久了也就認為時候已到，女生更加想要盡早表白，化曖昧為明朗戀情。因此她的問題就是如何向對方表白！

〈案例二〉中，因為同社團而有較多接觸，生活上的交集自然就比較多，其實丙男是喜歡丁女的，但不能把握對方喜歡自己的程度是否相當。除了害怕被拒絕，也不想失去目前關於友誼的享受，只是喜歡的情緒已積壓了一年，每天都蠢蠢欲動，想要表白。

丙男內心其實有點困惑，也許丁女只是把他當社團死黨，分享學校生活，可以打鬧，親近的好朋友，所以才會很擔心丁女會被別人追走。不敢承受被拒絕的壓力，從來沒勇氣告白，但不告白又有顧慮，陷於兩難之中，越來越焦慮痛苦。他當然要表白，不然永遠也不會知道答案，目前他需要學的是如何表白！

蕙瑛博士的建議

年輕人，尤其是大學生，社會經驗不足，人際互動不深入，就怕只是在自己的愛情憧憬中打轉，憑自己的感覺去預測對方的情愫，沒有經過驗證，如何能知道彼此的好感程度是否相當？

「告白」不只是表達自己的情意，也是要確認對方的意願。其實就是要知道雙方對感情互動是否有共識，是溝通的起始，因此告白是必須的。但告白前要有充份認知，也就是說心理上要準備好。

1.心裡滿滿的感情，當然可以向對方抒發，這是自然的，沒什麼好害羞或擔心。跟隨自己的心，表達自己的感情，並詢問對方是不是有同樣的感覺。

2.理性回顧彼此以往的互動，確定這本是一份真誠的友誼，願意嘗試進一步發展的可能性。

3.以平常心看待，可以抱希望，但也要有被拒絕的心理準備。你有權表達，對方也有權拒絕。

4.至於要怎麼說，就得看雙方的交情／友情已經到何種程度，也要在很自然的情況下表達。網路上告白語錄數百條，大多是男生對女生說的情話，不是很自在，有點做作，畢竟每對男女／男男／女女的互動模式是不同的。

5.告白並不是求婚，而是要驗證雙方是否合意交往，有足夠的誠意與情意，願意一起走入另一種關係。

6.對於單戀、暗戀者而言，當然也有告白的權利，但一定要選對時機，千萬不可趁對方失戀或失意的時候趁虛而入，對方有可能會抓住一根浮木，而你就成了替代者。

愛的叮嚀

的確，有時候人都會想得過多，以上兩個案例中的主角就是如此，他們能維持一段時間的曖昧，應該是雙方都有情誼，且隨著時間推移越來越濃厚。就是因為醞釀太久，積壓感情很多而無法抒發，內心想突破，想著必須有一個人先開口。

想要談戀愛的人經常會有這樣的困擾，他們不會去問父母或老師，頂多只會問問閨蜜／好友，可能會受到鼓勵，但得不到正確的答案。因為感情本來就沒有一定的公式，也要看自己的智慧、情感及溝通技巧。

通常會建議有困擾者去做心理諮商，與諮商師對話之後可以了解自己的情感，並沉澱彼此互動關係的本質，同時也向諮商師學習溝通技巧，建構告白的內涵。

2 男追女，女追男？誰追誰！

人因為個性不同，表達感情的方式也不同。上個世代的人，通常都是男性，書讀得比女性多，寫情書來抒發感情，表達情意，那都是出自肺腑之言，真心誠意，收信者往往被感動，芳心默許。現代科技發達網路便利，不論是男女／男男／女女，都可以在社群媒體交談，選對象，越談越曖昧。感覺心動乃急於約出來見面。結果實際互動和虛擬交談存有很大的差距。真正能成為合意情侶的其實並不多，然而網路交友已是普遍的現代交友方式之一。

「男追女隔座山，女追男隔層紗」，「羞羞羞，女生愛男生」，這兩句常聽到的話都有語病。自古以來封建社會不都是男生追女生嗎？女生只可以偷偷示意，怎麼可以主動去追男生？男生追女生有那麼難嗎？女生追男生就是投懷送抱嗎？

百多年前開始流行自由戀愛，不再遵父母之命媒妁之言，但也大部分都由男性主動，女性被動。自二十世紀以來，性別平等的觀念逐漸普遍，女性與男性有一樣的就學機會，學成後工作機會也均等，社會地位與家庭角色的平等也在逐漸推進。然而在情場這一塊，不論是在大學環境或工作場域，一般人眼中，男追女還是天經地義，女追男難免就會被人在背後數落或不看好。現代的男女／男男／女女，課堂／職場以外的活動面相當廣，接觸的人也多，很容易就能碰到心儀的對象，因為有接觸，就直接以行動表白，勇敢去「追」。以下就是三則「朋友眼中的『戀情』」。

案例一：一個願打，一個願挨

甲男與乙女交往近半年，因為甲男的猛烈追求，乙女才以願意嘗試的心態同意交往，甲男對乙女非常好，不僅是專屬司機，也時常請吃飯或送禮物，而乙女始終無法真心愛上甲男，但甲男表示理解並願意等待，也一直無條件包容乙女持續與其他男生曖昧，且告訴乙女，若不想持續這段關係也不用勉強。

我認為乙女在利用甲男，乙女雖說會堅持自己的努力，卻又做著同樣的事情，我看到一個願打一個願挨，但這不是作為朋友能介入的，想知道是否有方法

能開導甲男？

案例二：很受傷卻依然執迷不悟

丙女跟丁男是好友，丙女喜歡丁男很長一段時間了，但是男生對女生並沒有相對的感情。在經過女生猛烈的追求後，男方勉強答應和女生在一起。不久後丁男開始常在丙女不知道的情況下找王女聊天，或是一起開通話打遊戲，甚至是多次邀約王女出去。丙女發現後非常難過，並開始內耗自己，即使跟丁男溝通後也沒多大改變，甚至因此得了憂鬱症。

我覺得丁男是在利用丙女對自己的喜歡來做出傷害他人的事情，我想知道丁男到底是基於什麼心態？由於丙女是我朋友，請問在這種情況下要如何勸她不要繼續執迷不悟？

案例三：不合適卻忍著不分手

朋友戊男因在餐廳打工而認識己女，在幾個月的相處之下，己女對戊男有了好感並展開追求，戊男其實並不清楚自己到底喜不喜歡己女，但因為身邊的打工同事及朋友們不停助攻及鼓勵，戊男答應了己女的追求。

交往過後，戊男發現自己根本沒那麼喜歡己女，且兩人的個性和生活習慣極大不同，己女常會無理取鬧，也經常把兩人在生活中發生的事到處跟同事講。但每當戊男想跟己女提分手，他總會想到同事跟朋友幾乎都跟己女較為友好，且他也不想在餐廳待不下去，所以就忍著不分，卻經常找我訴苦，請問戊男該如何解決？

問題原來是這樣！

旁觀者清，當局者迷，即使感情的付出與得到並不對等，但雙方還是處在所謂的情侶關係中，旁邊的好友一者觀察並感覺，再者也是好友多少會傾訴，到後來真的看不下去了，又不知要怎樣幫她/他改變這種狀態，只好向外求助。

〈案例一〉的甲男猛烈追求，原本可能就有些友誼存在，乙女並不討厭他，但也沒打從心裡喜歡對方，卻因為被感動而願意嘗試交往，看自己會不會喜歡上他。這樣的心態聽起來合情合理，而重度迷戀乙女的甲男，只要乙女答

應做他女朋友，就什麼都好，於是開始做牛做馬，提供生活中的服務。即使乙女仍然保持距離，且和其他男生曖昧，甲男本來就有心理準備要等待，所以認命地繼續等待。

禮尚往來是人之常情，而感情的互動是「付出即得到」（give to take），對方對我好，是情愛的表現；我有接收到，理當同理他的愛，做出適當的回應，讓對方也感受到我的愛。這樣的互動才是經營感情，是在為關係打基礎。

〈案例一〉中乙女享受甲男對她的好，感覺理所當然，身旁有人伺候，她又可以自由地過自己想要的生活，何樂而不為？只是一個願打一個願挨的不平等互動只能維持一段時間，人都有七情六慾喜怒哀樂，甲男一直盼望真正的愛情，卻從未感覺到，時間一久，就會逐漸產生失望而成為絕望。如果乙女在這期間正好碰上她喜歡的人，必會離甲男而去，如此則是雪上加霜。

〈案例二〉中二人原是好朋友，丙女展開猛烈追求，丁男重視彼此友誼，雖然不是情意，卻擋不住丙女的熱情，勉強答應。顯然在這份關係中丙女的主動性比較高，丁男就是配合，他的心並沒有在丙女身上。而王女對丁男而言顯然是新鮮活潑，帶來生活中的漣漪，跟她在一起感覺很開心。

丙女的面質與溝通並沒有帶來改變，丁男似乎無法回到丙女所期望的關係中，只維持淡淡的互動。在這樣名存實亡的關係中，丙女還是夢想丁男對她好，久了就得了憂鬱症。兩個人在這段關係中都不快樂，卻沒有人要提分手，誰也不想當壞人，就這樣拖下去。

〈案例三〉中兩人本是打工同事，己女對戊男日久生情並展開追求，戊男對己女的感覺顯然有差距，卻因為同事及朋友的起鬨及助攻，也就順勢答應己女的追求。工作時當然是和諧相處，但一般交往時卻發現個性上的許多差異及不相容。

他尤其不喜歡己女的無理取鬧，以及跟同事閒聊兩人的生活瑣事，溝通也無效，只因為那是本性。戊男萌生分手念頭，但又害怕周遭同事的議論，不想在工作場所感受到壓力與尷尬，只好隱忍下來。他一定不快樂，與己女私下的互動就會變成應付，或者保持同事之誼，這樣的關係當然就沒有愛情品質了，以己女的個性，可能也不能忍受太久。

蕙瑛博士的建議

〈案例一〉中的兩位主角都沒有正確的戀愛觀，只是依著自己的戀愛想法在進行，從小到大也沒人教過，就是慢慢累積從各方收集到的資訊，而形成自己的看法。甲男覺得乙女既然答應了就是他的女朋友，他當然得對她好。一心在她身上，不斷付出卻沒有得到等同的回報。乙女其實也嘗試了一段時間，如果她有感覺感情，就不會跟其他人曖昧，所以乙女顯然對自己不誠實，對甲男也不公平。

身為朋友，不是一昧的嫌乙女不好，催促甲男趕快離開，而是要分析互動的品質及正確的戀愛觀，讓甲男看清楚自己的感情投資沒有得到應有的回報。甲男自己要很嚴肅的跟女友談彼此的期待與關係的展望，要讓乙女知道兩人之間其實有很大的問題，不妨重新考慮雙方的合適性。

〈案例二〉的丁男是因為原來的友誼，不願意太傷丙女的心，才勉強答應成為男女朋友，而丙女以為答應了雙方就是男女朋友，一開始感情就不平等，男女情愫和友誼完全是不一樣的。儘管丁男原來的動機沒有惡意，但後來他卻沒辦法控制自己的感情向外發展，也無視「女友」的深情與難過，這樣的做法是在享齊人之福嗎？如此對自己不誠實，對丙女也不公平，又把王女放在怎樣的位置？丙女寧可自己苦也要把丁男留在身邊，自我折磨，對自己毫無好處也助長了丁男的氣焰。

雙方對感情的觀念顯然都是錯誤的，丁男一定要對自己誠實，無法喜歡上人家當然不能強迫自己，但絕不能欺騙或折磨對方。丙女則要先自救，憂鬱症也是病，一定要就醫。當然要解開癥結，認清事實，改變想法，了解愛情的真諦，才能走出情傷，活出更好的自己。

〈案例三〉中也是己女對戊男展開追求，天天一起工作互動性很高，戊男以為同事之誼含有喜歡，無法分辨是友誼還是情愫，卻在從眾的情境中答應做男女朋友。沒想到工作以外的互動卻是如此的不相容，還真無法培養出感情。他對自己信心不夠，很怕失去同事朋友，明明多次萌生分手念頭，卻沒勇氣付諸行動，只好勉強自己表面維持伴侶的關係，心中毫無熱情。

戊男眼光看得不夠遠，暫時性的和平相處其實是在誤導己女，讓她陷得更深，也在欺騙大眾，認為他是個深情男子，而自己卻不快樂，心中百念雜陳。這樣做是在浪費彼此的時間跟感情，拖到後來還是會分手，且會分得不愉快。因此戊男一定要對自己誠實，要對感情誠實，要對己女誠實，不管人家怎麼看怎麼説，感覺是自己的。

分手要有道義，怎樣將對己女的傷害減到最低，就要看戊男如何看待自己對這段感情的評價。可以用友誼為基礎來表示自己享受良好的互動，也嘗試過想要進展到兩情繾綣的戀情，但還是做不到。為了不耽誤對方，兩人不妨和平分手，退回同事與朋友關係。對方當然也無法勉強戊男留在關係裡，雖然會傷心難過，但至少這是存在兩人之間的事實，她只能慢慢接受，可以選擇轉換關係或不再往來。

愛的叮嚀

文中三個大學生的感情案例有三個共同點：

1. 一方猛烈追求，另一方勉強答應。

自己喜歡對方，不想掩飾感情，有機會就表達，鍥而不捨，另一方是很容易被感動的。年輕人總想嘗試戀愛的滋味，有時也覺得被愛是一種幸福，即使對對方的感覺沒有很強烈，還是「答應」了。這其中有時還會有性別迷思，就是女生追男生，男生必不好意思拒絕。

2.以為「答應」做男女朋友就是男女朋友了。

其實答應只表示雙方願意嘗試交往，處於觀察、辨識、磨合階段，只要覺得不合適，任何人都可以中途退出，一定要說明白講清楚，要有共識，感情是不能勉強的。態度要誠懇真實。

3.被追上的一方發現自己並沒有那麼喜歡對方，卻不提分手。

這三位主角其實都嘗試過，但感情是不能勉強的，因各有心機或顧慮，於是待在沒有品質的戀愛關係中。當然年輕人人際關係經驗不足，對性愛感情觀也沒有認識很深，抱著邊走邊看的心理，導致愛情路崎嶇，更可能造成心理上的傷害。

女追男，男追女，男追男，女追女，誰追誰並無性別差異，他／她就是愛慕已久渴望相戀，一心想要「得」到心愛對象的首肯，最怕就是對方勉強答應。從前夫妻是婚後才談戀愛，現在勉強答應做戀人，其實是在勉強自己的感覺。起先或許不自覺，慢慢就能感覺到，兩人的關係就產生了困擾。

因此年輕人還是要多讀或多聽有關性教育、情感教育的文章，無論是對自我的反思或雙人關係的回顧。可以去學校的健康與諮商中心做心理諮商，有了正確的性愛感情婚姻觀，愛情之路才能走得順。

3 約會時誰該付錢？

從社會學角度而言，約會及進一步的戀愛是婚前階段及重要的社會制度，藉著這種生活方式，年輕人的生活得以充實快樂，且對於往後的擇偶頗有助益。在男女／男男／女女接觸頻繁社交公開的現代化社會裡，約會與戀愛至少提供了下述功能：

1. 自我及他人的認識，且有機會了解成年人的角色扮演，有助性別角色發展。

藉由約會與戀愛的活動，年輕人學得必要的社交能力，且由兩性互動中的回饋或者有關自己與他人的習性態度與行為的有價值學習（Bell，1971）。進而區分自己與他人特質是否適合的學習過程中，逐漸提高未來明智選擇婚姻對象的可能性。

2. 年輕人的歡樂與娛樂。

Saxton（1972）指出，在約會與戀愛時，年輕人自由選擇自己的友伴及活動，且在共享社交生活的樂趣之餘，又不用負擔諸如婚姻生活的重大責任。

3. 一連串遊伴，作為選擇適當配偶的對象。

而郭明雪（1988）綜合約會功能的相關文獻，也整理出約會的八種主要功能：1. 休閒娛樂，2. 學習與異性相處的能力，3. 滿足自我需求，4. 促進人格發展，5. 性別角色的分化，6. 選擇結婚對象，7. 準備婚姻生活，8. 社會化。

約會就是浪漫關係的一個階段，兩個個體在過程中一起從事某種活動，通常都帶有評估彼此將來成為親密伴侶的合適性。尤其在大學階段，剛開始要進入情感的世界，這時的約會屬於初始實驗期間的公開見面互動，由於每兩個人的組合是不一樣的，互動的狀況也不會相同，對於剛剛進入約會階段的年輕人，往往會有很多困擾，最常見的就是「約會時誰出錢」？尤其是大學生經濟還沒獨立，雖然大部分人有打工，存自己的零用錢，但不論是出外用餐或遊玩及各種娛樂都需要花錢，這些費用到底要如何分攤呢？

約會時到底誰付錢？主動追求者就應該付錢嗎？下面三個實例，有大學生也有上班族的互動，皆因對付錢的觀念不同而產生困擾。

案例一：情侶間談錢會很尷尬嗎？

交往過程中，男友有時會跟我說：「幫我買個晚餐，我再給你錢」，結果買回家後他也不會主動提出要還錢，就這樣讓事情過去了。剛開始我覺得沒什麼，畢竟金額也不是很大，就當請男友吃晚餐。但這樣的行為之後頻繁發生，可能是仗著我不會主動開口要錢，老是請我買晚餐，我心裡不好受，但還是不敢開口，怕談錢會讓戀情變得很尷尬，但如果不講，我擔心他會繼續這樣吃霸王餐的行為。

有一天我鼓起勇氣和男友溝通，他卻只回說：「只是晚餐而已又沒多少錢，請你幫忙也只是因為你比較有空。」聽到這樣的回答，我覺得心裡很不平衡，但也不知道能說什麼，請問我該怎麼辦？

案例二：男友一副我出錢很理所當然的樣子！

追了男友好幾個月才追到，起初他一直說對我很動心，只是覺得還沒從上一段感情走出來，沒辦法答應我。我覺得挺合理，也表示願意等待。後來真的在一起，吃飯或逛街都是我出錢，他似乎覺得理所當然。因為他喜歡巧克力，我都會在出門時順帶買小盒巧克力給他；我之前沒有吃午餐的習慣，每次都是他拉我去吃午飯，點完東西要我付錢，他吃得很開心，卻不問我餓不餓、要不要吃之類的。

不是說我真的出不起，但我覺得在我出現之前他都能自己承擔餐費，為什麼一副我出錢很理所當然的樣子。當我委婉提出請他以後自己付錢，他就一臉不爽，好像我騙了他一樣。交往之前我不曾給他我會出錢的承諾，這真的是我的問題嗎？

案例二：女生付錢男生會不會覺得沒面子？

交往快半年，平時要上班，相處的時間不多，不過只要有時間還是會相約去簡單喝個下午茶或吃飯。出去幾次後，我發現每次要結帳時男友都會搶先一步去付錢，事後也不會特別跟我要錢，我卻因不好意思讓他一直出錢，主動把錢給他，他都會說「沒關係，你不用給我錢」來表達。

我們雖是情侶關係，但金錢上該算清楚還是要算清楚，可是我又怕如果直接跟男友說清楚他會覺得沒面子。請問該怎麼跟男友說出我的想法，且不會傷到他的自尊呢？

問題原來是這樣！

〈案例一〉中男友經常請女友幫忙買晚餐卻不付錢，幾次就算了，竟變成常態，還裝作沒事，女友心裡當然不舒服。但因平時互動良好，也不是事事要女生出錢，女生很怕談錢會影響感情，一直忍著不提。但忍久了心裡當然不舒服，終於鼓起勇氣向男友提及此事，男友的回答不痛不癢，完全沒顧及女友的心情。表面上沒事，但她內心的確受到衝擊，開始有點質疑男友是否是她的Mr. Right。

女友以為提到晚餐的事就是溝通。這不叫溝通，真正的溝通是要就幫忙買晚餐得付錢的議題說出正常的程序，都幫忙買了，當然要感謝，何況本來就該付自己吃飯的錢，除非對方願意請客。很多人對愛情的心態是因害怕失去而忍受，粉飾太平，互動已成某種固定模式，到最後忍不了了才開口「溝通」，卻變成「計較」，於是爭吵出現，那時失去的就會更多。本來好像是小事情，時間久了就醞釀成大議題，包括男友買晚餐不付錢的習慣、彼此的金錢觀及對待女友的態度等。

〈案例二〉中男友也是看在女生對他窮追不捨才勉強答應交往，雙方付出的感情並不均等。女生處處為男生著想，出門費用全由她買單，還細心到經常買巧克力討他歡心；甚至打破自己不吃午餐的習慣，不僅陪吃中飯還幫他付錢，真有點像媽媽在照顧兒子。然而男友卻一副理所當然的樣子，也沒關心對方會不會餓或者想吃什麼，也就是沒有心去了解女方，只顧享受對方的付出。

不是說付出一定要有回報，但感情交流要有相當的回應才能激發更多的感情，而目前只有付出沒有回收，一點都沒感到男友的愛意，女生心裡當然不平衡。但也是在心裡放了一陣子，幾經掙扎才決定就付錢一事提出討論。男友被要求以後自己出錢吃中飯居然沒好氣，好像在責怪女友反悔。問題是兩人從來沒談過金錢之事，女生從來沒在這方面應允什麼，男友的態度令她非常不舒服，但她卻反求諸己，想知道是不是自己的問題。

〈案例三〉中的兩個人每次出去吃飯喝午茶，男友都搶著付錢，女生固然開心但也覺得不好意思，自己也是上班族，理應負擔一部分，所以都會主動把自己那份錢交給他，而男友當然沒有收下。男友還有傳統的男性角色觀念，即約會該由男生付錢，對方如果也是傳統的女性角色，應該就沒問題，一個願打一個願挨。但女生是現代女性，覺得兩個人都是獨立的個體，也都各有收入，約會只要兩個人開心就好，費用當然要各自負擔，但內心的想法卻不敢向男友表達，她認為這樣會傷害到男性自尊，使自己心裡有了一個結。

蕙瑛博士的建議

因為〈案例一〉中的女方是主訴求者，她必須要突破現狀，努力與男友多次溝通，也要趁機觀察他回應的方式及平常的言行態度，尤其是在金錢方面。如果男友抱著「反正妳比我有錢，多出一點又怎樣？」，或者「你有空你去買，這點錢也要計較。」的心態，則他是個被寵壞的男孩，凡事以自己為中心，不會替他人著想。戀愛時很融洽，衝突沒顯現出來，若以後都要求女方順著他，女孩就有苦受了。所以女友在認識男友更深之後，也就是了解彼此的金錢觀、人際關係、心態及生活哲學後，自己要決定這個人是不是她要繼續交往的對象？

〈案例二〉中真正的問題當然在於男友，不知道他是怎麼想的。「是你追我的又不是我追你，你愛付錢你就付吧」，或者「我還沒準備好，我們先走一步算一步吧」，目前男友比較像是這種心態，因為他根本就沒有用心經營這段感情，金錢只是導火線，由小看大，這份關係很難順利發展，女生到後來會失望，男生也不會開心。如果要繼續維持關係，不能讓付錢這件事橫在兩人中間，女友還是得就此議題跟男友認真溝通，把話講開來。如果兩個人要在一起，除了陪伴還得互相尊重、關心、愛惜、照顧、分享心事、說出期待，才能發展正常穩定的愛情關係，也趁此做觀念的交流，釐清男友對感情和金錢的看法及態度。

〈案例三〉中兩個人感覺都滿喜歡對方，男友心甘情願在約會時付錢，女方也相當成熟懂事，體恤對方，感謝他的好意，總想自己也出一份，都是愛對方的表現，女友說出來就是表達愛意，不需要顧慮太多。女友可以找適當時機彼此溝通，商討出兩人覺得約會時金錢分配最適合的方式，不必要硬性規定各出各的錢，可以彈性運用。只要口氣溫和，表現出為對方著想的意思，就不會傷害到男友的自尊，還可趁此機會了解彼此的金錢觀及理財規劃。

愛的叮嚀

約會付錢的方式其實滿有彈性的，但要就個人的狀況，雙方經過溝通、討論而決定。以下方式可以參考應用：

1.主動追求者出錢：通常主動追求者啟動約會，也感謝對方應允赴約，他／她心甘情願買單，算是皆大歡喜，在約會初始階段是常見的。

2.男方付錢：在兩性關係中男性通常是主動追求者，也是傳統性別角色，所以男方願意付錢，女生也認為理所當然。

3.女生付錢：當女生是主動追求者，也很想和自己喜歡的人相處，約會時她就會主動掏腰包，不過就像前面的兩個案例，如果總是一方買單，短期還沒問題，長期下來就會造成心理上的不平衡。

4.ＡＡ制：不管用餐還是參加活動，花費每次不相同，所以每次花費都平均分擔也不失為好辦法，至少雙方覺得公平。當然有人會說男生吃得比較多，或者女生點的比較貴，這就是雙方要有默契。

5.ＡＢ制：即是各人在約會中負擔自己的開銷，點餐多的就多付，食量小的就少付，也不失為好辦法。

6. 輪流付錢：雙方言明不以花費來計，而是約會時輪流付錢，重點在「公平性」，不在每次付了多少錢。

在交往初始階段的約會中雙方都不好意思開口，但到了櫃檯付錢時就是現實考驗了，總要有一方先提出來討論，這並不表示計較錢，而是就約會付帳之事溝通金錢觀，真誠交流能更了解彼此的經濟狀況，互相體諒，達成共識，才能促進約會的愉悅及感情的交流。

4 衝突是戀愛的必經過程？

兩個人看對眼了，情投意合開始交往，日常生活中的互動越來越多，分享的事情也增加，慢慢就進入彼此的生活，尤其有了親密關係之後，距離拉得很近。有時候會把事情放大來看，如果不是自己想的或自己要的，偶爾一兩次就算了，如果經常出現的話，那就是已經有了歧見，甚至衝突。

畢竟都是自願投入感情的，通常會有一方或雙方都想息事寧人，乃順從或者道歉安撫。這是兩人磨合時期經常有的現象，不足為奇。但也有一方或雙方無法忍受經常吵架或對方過於強勢，拉拉扯扯之後終於分手了。

在談情說愛的歷程中，各種各樣的困擾都可以見到，也要看兩人的組合及彼此的個性。不論是男女、男男、女女，任何兩個人交往所經歷的感情考驗都是一樣的。一段戀情因了解不適合而結束，當要開始下一段戀情又得經歷兩個人的認識、了解及磨合，以下四個案例是比較常見的問題。

案例一：男友頻求愛，女生好困擾

甲男、乙女和我從國中開始就是很要好的朋友，一直到現在上大學。他們兩個剛好考上同一所大學，還同系同班，所以常一起辦活動，感情越來越好。一個月前他們在一起了，看限時動態感覺他們的關係很好，一起出去玩，一起拍照等。前幾天乙女突然私訊我，表示她還是處女，雖然和甲男認識很久，但跟他正式交往還不到一個月，對方一直找機會和理由想去她租屋處，很明顯是想發生關係，這讓乙女不知所措且有反感。

她明確跟甲男說了現在不想要，但對方還是一直問能否發生關係，這讓乙女懷疑甲男是因為想發生關係才跟她在一起，但因為甲男對乙女除了這件事以外都很好，所以又打消了這個想法。請問該怎麼幫乙女處理此議題，女方下一步該怎麼做？

問題原來是這樣！

甲男和乙女從國中到大學都是同校同學又是好朋友，能發展成男女朋友也是好事。大學的生活比高中多樣化，班對系對或同校情侶也不少，除了談戀愛，甲男也想獲得做愛的經驗，言行都在試探女友。他認為既然是男女朋友，當然可以做愛做的事，儘管女方拒絕了，也表明時候未到，他可能認為是矜持或不好意思，所以不斷探詢，造成乙女困擾，感情關係也有點尷尬。

乙女的觀念跟做法都是正確的，她比較理性。朋友跟情人是截然不同的，情人的關係如果沒處理好，很容易翻臉成仇，她就是因為重視這段感情，所以希望慢慢發展情侶關係，也看看兩人是否真正合適。目前兩人交往還不到一個月就要進入性關係，很容易被性的新奇與激盪所迷惑，尤其是甲男，很期待有性，當嘗到性的愉悅後就會陷入性愛溫柔鄉，以致看不清對方真正的優缺點，等性關係進入平穩期之後，性事只是生活的一部分，平日相處中雙方的不相容性就會一一出現，然後就會開始起衝突和吵架。

蕙瑛博士的建議

其實乙女也是順著自己的感覺走。甲男本來就存在於她的生活中，而大學裡有很多事情值得她去探討去參與，她想學想做的事情還很多，她不是不喜歡甲男，而是還沒有跟他有肌膚相親的慾望，心理上還沒準備好，明知他想要卻給不出來，理智上情緒上均無法配合，也因為沒碰過這種事情，不知怎麼處理，但因重視這段感情，只好私下詢問好友。

男女談戀愛通常是不溝通性事的，通常是一方要、另一方順從，但真正的愛情需要坦承及互相尊重，乙女可以慎重地把自己的想法告訴男友，這種事是急不來的，愛情需要培養，慾望也要慢慢滋長，當兩人的感情更深厚時，自己有了感覺有了情慾，就水到渠成了，兩人如果真心相愛，等待是值得的。

案例二：女友無理取鬧，讓我心累

與美玉認識三個月就成為情侶，在一起已四個多月，雖然性關係很不錯，但從一開始就常常為了小事吵架，頻率遠比做愛次數多。經常都是她認為我講話的內容太過簡略，很多事情都只講結果，完全沒提前面發生哪些事情，多數情況都是我讓步，並且道歉說我懂她的意思，我會再注意。

最近一次大吵是因為我分享事情給她時，她說我講的內容太繁雜，她不想要聽這麼多，我跟她說是她自己要求我講話內容不要太簡略，她卻跟我說不要翻舊帳，並且堅持認為是我的錯，也不想與我溝通，這一次我已經不想再退讓了，心很累，想分手的念頭已經萌生，請問遇到這種情況該怎麼做？

問題原來是這樣！

兩人交往當然是對彼此有好感，雙方都中規中矩，客客氣氣，每次見面都把自己最好的一面表現出來，互動的感覺當然不錯。比較心急的人就很快應允成為男女朋友，然後又很快有了親密關係，其實彼此對於雙方的成長背景及個人內涵、脾氣等並不是很了解。有了親密關係後感覺又近了一點，言行就不必那麼矯飾，原形逐漸顯現，一不順心就找碴。他們的情況就是這樣。

人本來都有獨屬的個性，也有自己的溝通方式，也許男生說話比較精簡，對於想知道來龍去脈的女朋友來說好像沒頭沒尾，常常這樣她就受不了，於是指責男友，對方不高興就反擊回去，自然就吵架了。不過男生說經常都是他讓步，也道歉說會注意，所以男友有改進，她卻嫌他太瑣碎太囉嗦，所以男友覺得他的努力沒有被看到，當然也會發火。就這樣負面情感越積越多，萌生了分手念頭。

蕙瑛博士的建議

兩人的溝通真的有問題，或者可以說沒有溝通或對方拒絕溝通，這當然也是觀念上的差異，男友做了許多讓步，但還是頻繁吵架，再吵下去就真的把感情都吵光了。看起來是個性不合，成熟度不一，建議男友在提分手前再給彼此磨合機會。如果美玉也珍惜這段感情，男友可以邀她一起去做伴侶諮商，整理彼此的親密關係與衝突議題，學習溝通；同時反思自己的個性與彼此的互動，幾次諮商後會讓兩人更了解自己，也逐漸理解彼此是否真的合適，以及下一步要怎麼走。

案例三：情侶用定位軟體導致加速分手？

裝了Zenly定位App後，女友常查看我在哪，也常叮嚀我騎車不要太快，因為這個軟體可以顯示你在哪邊、待多久，行進過程中還會顯示時速，我那時環繞在曖昧的粉紅泡泡中，只覺得她時時關注我，讓我很受感動。前三個月我們過得真的很開心，整天黏在一起，也因為這個軟體可以時時知道對方在哪，讓感情增進許多，但漸漸的我就覺得有點煩了，因為我朋友多，交際場合也多，她常常就是訊息、電話連環call。請問情侶下載Zenly是增加感情還是加速分手？

問題原來是這樣！

男主角的問題其實已經有答案了。裝了定位軟體後，他的體驗應該是感情可以加溫也可以降溫。戀愛時整天就想黏在一起，隨時掌握對方動向，等激情過後就不想被追查，乃開始怪罪定位軟體。其實是他和女友的關係在改變，在確定彼此是戀人後，戀愛成為男主角生活的一部分，固然能享受愛情，然而原先的個人生活也得充分恢復，卻發現女友視戀愛為她生活的全部，最好是每分鐘都黏著男友，兩人期待不同，就會開始吵架，影響心情與感情。

如果把定位軟體刪除，女友可能會懷疑男友想做一些不想讓她知道的事，必吵無疑，所以刪除不見得就會除去男主角的煩惱，倒不如就你倆互動的議題和女友坦誠溝通。兩個人的真愛與定位軟體無關，不論它是否還在手機上，雙方最好就彼此對愛情關係的期待及彼此的信任議題來討論。各人本來有自己的生活，有自我空間也有共處時間，當然也有和朋友同學一起玩的時候，而不是時時關注對方，想要掌握對方在做什麼。

蕙瑛博士的建議

男友一定要委婉且誠實地說，既然雙方都已投入真感情，真的不需要每分鐘都知道對方在做什麼。在互相信任的前提下，除了兩人互動的時間，也想擁有自己的生活空間，也還要花時間跟自己的家人／朋友互動；而她也可以有時間做自己愛做的事，有自己的人際圈。這樣兩人相處時就有更多的話題可分享，也可以專注在彼此身上，更了解對方的感情，使兩人更親近。手機定位可以留著，但不必常使用，也就是說用真情說服女友。

案例四：看上朋友的前女友，真尷尬！

我叫阿雄，前陣子玩交友軟體配到一個女生，我們聊著聊著後來就加其他軟體聊天，聊得滿熱絡的，但我不知道為什麼一直覺得她很眼熟，好像在哪看過，後來她告訴我姓名，我想著想著就突然想起來，她好像是我高中好友的前女友，頓時感覺有些尷尬，畢竟正在跟高中好友的前女友聊天，有種怪怪的感覺。

最近不知道為什麼我對她有點動心，好像喜歡上她了。如果我跟她真的在一起，應該跟我朋友說嗎？因為感覺有點怪怪的，但他們分手也超過一年多了，且雙方都沒再互動，我跟她認識大概一個多月了，女方也知道我認識她前男友，但她沒表示什麼。

問題原來是這樣！

兩個人各自上聊天軟體找對象聊天，後轉為私聊，感覺談得來，當然雙方都願意花時間彼此認識，這本來就是一個機緣。只是很巧，對方居然是高中好友的前女友，阿雄感覺怪怪的，其實這又是一個機緣，他兩人當初若沒分手，她現在怎麼會跟阿雄成為聊得來的網友呢？

剛發現是好友的前女友時必然有點錯愕，但兩人在此時空中建立情誼，並沒有好友的存在，與他一點關係也沒有，阿雄心中不必有任何芥蒂，何況她倆分手一年多後都沒再互動，即表示分得很清楚，各自生活了。女方也知道阿雄認識她前男友，沒說什麼是因為她不好說什麼，而兩人能不能往前走就看阿雄的態度了。他不需要有「怪怪」的感覺，順從自己的內心，交自己的朋友吧。

蕙瑛博士的建議

阿雄顧慮兩人若成為男女朋友，是否該告訴他那位好友，又該怎麼說。首先阿雄心態要正確，他不是奪人所愛或偷偷摸摸交女友，自然可以向好友公開，但也要顧及朋友聽到後的感受，所以最好是委婉道來，強調是在他們分手後兩人在網路上偶遇，由網友變成男女朋友的。過去的都過去了，該放下的就放下，阿雄尊重好朋友的過去，也請他尊重並祝福自己的新感情，希望以後大家見面不會尷尬。

愛的叮嚀

年輕人談戀愛大多憑個性展開及感情奔放，情緒高漲，理性低落，以致落入愛情迷思的陷阱，以下是常見的愛情迷思：

1.同意做伴侶就可以有性關係，所以有人認識一個月就上床，〈案例二〉的男女主角則是三個月就有親密關係，結果吵架頻率比做愛次數高，關係產生危機。

2.熱戀時什麼都能談，最不能談的就是約會誰付錢和性。雙方都不好意思開口，但心裡都想著這兩個議題，尤其是性，可能有一方已蠢蠢欲動，或者雙方都有期待。有時有一方試探，對方往往不敢拒絕或不好意思拒絕，或者自己也想要，所以就有了性關係。在有行動前最好能談開來，彼此對性事（包括需求與期待）有個了解，而不是有求必應。

3.認識沒多久就有性愛，剛開始都是激盪的感覺，享受其中，後來慢慢發現個性不合，但因為性關係不錯就捨不得分開，吵吵鬧鬧拖拖拉拉，以為性可以挽回愛，殊不知日常生活的甜蜜相處還是感情的重要基礎，遠比性愛的歡愉來得重要。

4.不要相信任何手機定位軟體可以增進感情。感情必須用心經營，建立互信感，即使對方不在身邊或整天外出忙碌，還是可以感覺到彼此的愛與關心，如此才能發展出有建設性的愛情關係。

5 當情慾／性幻想超越界線與道德

性（Sex）這個字，在國語辭典修訂本中有很多意思，其中在兩性方面指「生殖」或「情慾」，也就是指有關男女交合的性行為和性生活。換句話說，「性」這個字不單指性交，還包含與性有關的任何事。

「性」字拆開來看，左邊是「忄」，右邊是「生」，「生」指生命，所以「性」這個字應該是生命與心理的結合，意思是「你要愛一個人才想跟他有性」，這才叫性愛，也就是我們常說的身心交融或性愛合一。但人有性需求、性渴望、甚至性衝動，尤其是年輕人對性本來就會好奇，有過經驗後覺得新鮮刺激，兩人交往沒多久，感覺互相渴望，就嘗試性交，覺得這就是性愛，雖然很歡愉激盪，但那是肉體的感覺，只是性而已，愛是需要經過考驗的。所以sex這個字應該翻成「性」，而不是「性愛」。本篇的「性愛」指的就是「性與愛」（sex and love）。

案例一：男友落跑，留我獨自情傷

交往一年多，男友因爸爸確診，他也必須在家隔離，為了解決生理需求，要求我傳之前拍的親密影片給他，一開始我因擔心影片外流而拒絕，但他一直要求，我不堪其擾乃把影片上傳到雲端給他。但上傳時因為等待時間太久，我不耐煩便把手機頁面滑掉。滑掉後又怕影片沒傳出去或是外流而感到不安，男友卻不以為意，沒要處理這件事的意思，我每晚睡覺都因擔心影片外流而被嚇醒，精神狀況變差。剛開始只是去看諮商心理師，後來嚴重到要看精神科醫生並且吃藥壓制不安情緒。

這期間男友在家人面前也發過誓不會再拍攝親密影片，卻屢次失約，在沒得到我同意之下就用手機拍攝影片。另外，他還在交往期間與他校女生有曖昧關係，被我發現後，在雙方父母面前答應會斷絕跟曖昧對象的聯繫，且好好補償我。沒想到一週後他卻以做不到為由要求分手，但我認為他不能這樣在傷害人後拍拍屁股走人，拒絕分手，他只好妥協繼續補償，但補償了又反悔。這樣反覆了兩個月，年初他陪我度過一個看似美好的生日後就消失不見，好友和我都無法找到他。想問我如何早日走出這場情傷？

問題原來是這樣！

男女朋友有了親密關係後，女生越來越依附男友，因為關係太親密了，感覺愛得更深，何況做愛本身也是激盪愉悅，很難抗拒，因此當男友要求拍攝親密影片時情慾已經超越理智，沒考慮到兩人親密動作帶來當下的感覺就足夠了，完全沒必要留下「記錄」。而女友就是以為有了性愛就可以完全信任男友，所以明知拍攝親密影片不恰當，還是順他的意。

健康的愛情必須情侶真誠對待，互相尊重及憐惜，也保護對方。這位男友在防疫隔離期間藉口有生理需求，必須觀賞兩人做愛影片來刺激發洩，他沒尊重女友的感覺，執意要她上傳，女友擔心上傳過程中影片會外流，他卻毫不在意，任憑女友忍受焦慮不安，完全未顧及她的感受，導致她後來需就醫服藥來穩定情緒。

蕙瑛博士的建議

男友顯然有特殊性癖好，一再擅自拍攝兩人的性愛影片，無法遵守在父母面前的承諾，還和其他女生曖昧，由於無法專一居然要求分手，面對這樣的渣男，女友還要什麼補償？愛是要發自內心，心甘情願，他的補償只是為了息事寧人，且兩人的關係已在多次吵架後逐漸變淡了，男生還選擇逃跑！因為女友很愛他，對他有許多期望，但他對性愛更感興趣，是個自私而不成熟的大男孩，父母也拿他沒輒，女友當然不用再沉溺於過去的溫柔鄉了。為了逞一時歡樂而一再傷害曾經親密的女友，走了正好畫下休止符，不值得為這種人傷心。建議女生去找諮商心理師療傷，重新釐清並建立正確的性愛感情婚姻觀，以後才能擁有健康正常的愛情。

案例二：面對心儀的女生，小弟弟卻棄械投降

A男和B女國中就認識，也經常聯絡，兩人之間有著絲絲縷縷的曖昧，卻從沒在一起。上大學後，A男和B女都參加社團，大學生活都十分精彩，同時也各

自有異性在追求。A男跟我比較熟，某晚跟我聊起了這件事。

他說升大二那年暑假，某晚上大家都喝得很醉，A男由於玩遊戲輸太多次喝多了先回房間休息。他在床上休息時發現B女跟了過來，默默躺到A男旁邊。當時兩人都喝了不少酒，一開始是手牽手，接著親嘴，後來開始互相愛撫，當A男想脫下褲子時卻發現小A男沒站起來！

最終兩人就在尷尬中睡了過去。A男跟我說他十分不解，他在外面跟炮友打仗，小A男是十分威武的，卻在愛慕已久的女生面前提不起勁。請問A男當時到底出了什麼問題，哪些因素可能使小A男沒辦法站起來？

問題原來是這樣！

A男似乎有豐富的性經驗，在約炮過程中表現神勇，面對心儀的女生卻出現勃起功能障礙。其實像他這樣的案例並不少見，他對於炮友是純粹性發洩，也就是解決生理需求。也許剛開始感覺新鮮刺激充滿激盪，但久了就習慣了，像搭公車一樣，有車就上，目的達成就下車，簡單快速，沒有心理負擔。他的狀況是

「愛分離，只嘗到性的滋味，不識愛的真諦」。

當A男發現自己無法勃起，必然覺得沮喪挫折，出師不利就不敢再次求愛，也在心裡留下陰影，使得兩人心中存有一個解不開的結。無法勃起的原因很多：可能是喝了太多酒酒精起了作用，瀕臨身體不聽使喚的地步；也可能是認知及情感的心理因素在作祟，他喜歡B女，純純的感情在心中多年，從未與性做連結，因此心理上並未準備好和B女做愛，因為是她自己靠過來，在驚喜激動之下開始了愛撫前戲，A男急於表現，結果越急就越力不從心，使焦慮戰勝了自在。

蕙瑛博士的建議

A男的挫折經驗給他的心理蒙上陰影，他必須去找性諮商師或醫生了解原因，他不是不能，而是心理因素影響，他得終止約炮的行為，學習將性與愛連結，培養健康的性心理，才能正常的談情說愛。

A男與B女若是兩情相悅，宜大方公開的走談情說愛之路，受到大家的祝福，有了深厚感情彼此信任之後，很自然地會有肢體接觸與親密行為，專注在彼此身上，心無旁鶩，沒有擔心，就能自然勃起。A男如果真的在意且仍有擔心的話，可以去找諮商心理師做性諮商。

案例三：如何看待好友間的情感糾葛？

我和A男是好朋友，而A男與B女是同居情侶，偶爾會約大家去他家打麻將，有一次牌咖不夠，我就約了好友C男一起參加，幾次下來，B女跟C男在牌桌上眉來眼去，最後變成他們兩個私下約會，並有肉體關係。A男得知後果斷分手，但仍與B女繼續維持純粹的同居關係，並以B女盡快與C男分手才能恢復情侶關係作為交換。

現況則為B女瞞著A男繼續與C男交往，卻仍與A男同居一屋。我身為他們三人的朋友，該如何看待他們複雜的情感糾葛？（畢竟在感情道德之外，他們仍是很好的朋友）以及該如何在與這對地下鴛鴦碰面時不對A男產生愧疚呢？

問題原來是這樣！

好友來信詢問該如何「看待」三人之間的複雜關係，應該是說如何「忍受」這樣的友誼互動，因為他提到「愧疚」。既然三位主角都是朋友，朋友之間必須坦誠，講道義，而身為A男好友居然幫著B女瞞A男有關她與C男私下相好之事，等於在幫助C男，知情不能說，經常在A男面前演戲，相當煎熬。

A男顯然還愛著B女，盼她回心轉意，乃斷然將同居關係轉化為同住室友，B女表面應允卻放不下C男，而C男也不夠朋友，不顧A男感受，也不管A男B女的朋友立場，在他面前毫不掩飾，寧做地下男友，逞情慾之快。試想，如果A男知道他身邊的人，包括好友/女友在內都在背叛他，他會是什麼感受與反應？

蕙瑛博士的建議

好友來信詢問該如何與案例中三位主角相處並維持友誼，及如何減少對A男的愧疚感，所以當然不能再在A男面前演戲了。可以告訴他有看到B女與C男在來往。僅此而已，其他的不必多說。A男得自己去處理和B女的關係。好友當然會替A男抱不平，但B女與C男的親密關係別人也阻止不了，三角關係只能維持一段時間，B女的兩面性格與C男的見色忘友很快就會浮出水面，三人的關係應該會有新的局面出現。

朋友有值得交往與不值得交往，也有深淺之分，來信的這位朋友該有判斷力，選擇自己喜歡且尊敬的朋友。他當然可以以朋友的身分勸告B女戀愛要光明正大，有新歡沒關係，但不要去傷害舊愛，他也要說清楚不想再知道他們三個人的互動，只想置身事外，做到君子之交，心中才會沒有負擔，也不愧對任何人。

6 病危的愛情如何急救？

大學生合意交往談戀愛是很普遍的事，有從高中就認識交往，也有大學裡的班對、系對、校對，或者與外校的學生交往，然而愛情關係是否走得順，並不是成為情侶後就能一帆風順。剛開始都很新鮮、很激情、很陶醉，但一段時間後就會開始有歧見起摩擦，漸漸發現彼此的不相容性，吵架冷戰甚至動粗都會出現，可能有一方提出分手或者雙方都要分手。

影響感情的因素很多，當初你濃我濃，但時間會將激情沖淡，將兩人帶回現實生活，原本欣賞的優點不見了，缺點卻一一出現，通常有幾個重要的影響因素：

1.環境不同：身處不同環境就有不同的人際圈，例如在不同的大學唸書、遠距戀情、社團，甚至網路遊戲群組等，年輕人還未有定性，好玩好奇，多少會被影響，所以才會有見異思遷的劈腿行為發生。

2.個性不合：人本來都有自己的個性，交往初期投其所好，一段時間後才發現彼此的習性與喜惡如此不同。當然也有可能跟原生家庭有關係。

3.價值觀差異：金錢觀、社會觀、宗教觀、性愛感情婚姻觀、衣著打扮及未來規劃等等，也是深入交往才會發現差異，這也可能跟原生家庭有關。

4.個人成熟度：幼稚、依賴、任性，愛抱怨、會動粗、缺乏信任與安全感、對自己缺乏信心，或者各人成長的速度與方向隨著大學生活逐漸背離等等。

案例一：分手可以由單方面決定嗎？

我們從高中在一起到現在三年多，兩人就讀的大學很近，可以常見面。但半年來摩擦越來越多，我的耐心在一次次的吵鬧中已被消磨殆盡，分手的話也說了好幾次，但最後都不了了之。前陣子因為某些原因我很認真再提分手，跟以前一樣，本來都說好了要分，但只要她一哭，一說不想分手，我也不忍心把她丟下。

我常在想到底還愛不愛她？或只是覺得對她有愧疚，所以她說什麼都順著她。現在每次吵架心裡都有疙瘩，不知道還能撐多久？請問分手可以由單方面決定嗎？

案例二：男友不遵守做愛原則，好想放生

我們從高三到現在交往快三年了，志雄對我很好、很體貼，只是在性事方面我常覺得不受尊重。我原本堅持全程要戴套，但志雄喜歡一開始無套，一段時間後才戴上，我因為太愛他而妥協。有一次因為排卵期，抽出來射在外面，但還是會怕，所以吃了事後藥，為了解決這個問題我也吃了一陣子事前藥，但內心總是很不安。

在停藥後，過幾天志雄在沒告知的情況下直接內塞，還有一次在排卵期也是要射的時候才抽出來，我抱怨他不遵守承諾，他居然回我：「再吃事後藥就好了啊！」很氣他居然給我這樣的答覆。請問這樣是正常的嗎？有時候我覺得應該放生男友了，但他在其他方面真的都對我很好啊。

問題原來是這樣！

〈案例一〉中兩人交往三年多，應該很了解彼此，互動融洽，對愛情有共識，事實卻不然，歧見、爭執、吵架的次數日漸增多，想必男主角為了息事寧

人，已經多次陪笑臉、給道歉、哄女友開心，如今他感到疲憊、心累、失去耐心了。雖然未提及因何事起紛爭，想必問題多多，最主要可能是個性與溝通能力的問題。

兩人感情好的時候沒想要分手，但當心裡萌生分開的念頭就面臨抉擇。當吵架的次數越多，想要分手的傾向就越大、越堅決，所以男主角已經多次提分手。

兩人平日相處雖是和諧甜蜜，但三年多來喜怒哀樂雜陳，男主角覺得兩人越來越不合適，不如趁早分手，而女友總認為吵完就算了，很快又恢復原來的融洽，下次吵架再說吧，所以就以哭來拒絕分手，而情人的眼淚正是男主角的軟肋，以致屢次分手不成。於是「吵架—提分手—哭耍賴—復合」的四部曲一再上演，其實關係品質已經受到影響了，雖然女生的心緊黏著男生，但吵架時的傷害已經一點一滴地化親密為疏離，表面上還在一起，男生的心其實已經逐漸離開這份關係了。

〈案例二〉中的情侶平日相處甜蜜，女友深切感受到男友的貼心照顧，但就因為性事使得她萌生分手的念頭。這個問題比較複雜，與男生的性心理有關。男主角對女友的愛是無庸置疑的，但他從小的性觀念比較沙文主義，雖然做愛時雙方都有激情與愉悅，但他非常注重自己的性享受。他有兩個性迷思：1.戴保險套會影響快感，所以不到最後關頭不戴；2.自己只要專注賣力，女方必定也會愉悅。

其實有沒有影響快感是他的心理作用，根據研究顯示，現在的保險套非常細薄精緻，並不會影響快感。為了安全起見應該全程戴套，保險套既可避孕又可防止感染細菌，中途才用風險還是很大的。而女友就是擔心懷孕才堅持全程戴套來保護自己，儘管行房過程很舒服很激盪，卻必須與擔心共存，樂趣自然就減少一半。尤其在排卵期前後她更是憂心忡忡，幾次耳提面命或事後抗議都不見改善，她覺得男友不貼心，她沒被尊重，擔心害怕的情緒轉變成焦慮，當負面情緒超過正面感覺越來越多，心裡就產生分手的念頭。

蕙瑛博士的建議

兩個人總要相處一段時間才知道是否真正合適，也才能看出雙方是否願意用心去經營這份感情。〈案例一〉中，三年多的相處其實都很了解對方，但彼此的個性都很難修正，誰也不願意屈服，聽起來男方比較理性，女方比較情緒化。既然男生是主訴求者，就應該耐心地跟女友溝通，回顧及分析每次爭執的問題及雙方互動的模式。溝通時不要說重話，口氣要溫和誠懇，讓女方深切了解彼此的不相容性，除非雙方都看到自己的缺點或固執，願意修正或讓步，否則就越來越難走下去。要面對現實，目前男女朋友關係產生危機，但危機也可以是轉機。

要多次溝通，理性說話，要求對方以同樣的態度來對談。如果女友一直鬧情緒，不當一回事，男生當然就能看清楚了，這樣的互動只會越來越糟，那他就知道該怎麼做了，而已經跟對方溝通過很多次，也給對方足夠的心理準備，再哭再鬧也沒有挽回的餘地了。男生如果沒把握能說服女友或不知道怎麼溝通，應該去找諮商心理師，多認識自己，學習溝通技巧，或者要求女友一起去做情感諮商，這對雙方都有幫助。

〈案例二〉中的女生心裡真的很苦，男友什麼都好，就是性這件事積怨已久，從小問題變成大困擾，當然也是關係越深擔心越大，除了向男友抱怨，她無法跟別人啟齒。因為愛男友而總是妥協，但每次都擔心會懷孕，男友卻完全不懂得同理。交往這麼久，在女友最憂心的時候還說「再吃事後藥就好了啊」，也就是「不管怎樣你自己負責吧」，雖然做愛只是情侶關係中的一個面向，最後卻成為壓死駱駝的稻草。

愛情是需要經過考驗的，生活中很多事情都可以考驗兩個人的愛心與耐心，在性事這方面，男友顯然縱情自己的享受高過對女友的承諾，沒有去體會她擔心受怕的心情。在這方面，他沒有通過考驗。

女生可以去做心理諮商，偏重於性諮商方面。既然捨不得分手，那就得瞭解性溝通的重要性，學習如何去面質男友，要求他遵守全程戴套的原則。針對這件事，以往只是她要求，他原先有答應，後來都是半途才戴，也不顧她的抗議，更無視她在排卵期前後的擔心，如此的互動根本就不是溝通。她和男友應該做真正的性溝通。

一般人對於性事多是羞於啟齒，即使是情侶也是只做不說，女方既是主訴求者，也很想繼續情侶關係，當然要勇敢跟男友談這件事，不是事後才抱怨或難過。兩人相愛，渴望在一起，這是自然的，但要有責任感，要懂得保護自己，也互相保護。希望能在做好安全措施，不需擔心害怕的情況下做愛才能盡興。說得越多越誠懇，讓男友看到女生的心境，瞭解她堅持的原則，才能讓愛情更紮實走得更遠。

女生做了很多努力想維持這份關係，如果男友聽不進去，不做任何改變，則她剛萌芽的分手念頭就會形成一個選擇，最後有可能演變成決定。

愛的叮嚀

甜蜜的感情有時也會生變，一旦有一方沒感覺了執意要分手，另一方不想分也得分，自然是傷心欲絕。然而像文中所述的兩個案例為數也不少，想分手的一方仍念舊情，不是說分就分，會有一段時間的心理掙扎，難以下決心斬斷情絲。

當事人固然重視感情，卻認清彼此的不合適性，能誠心誠意以理性處理衝突，這其實是人生的一項考驗，也是個人成長的契機。不論結果如何，若願意接受諮商，經過這個歷程必然可以更確認性愛感情觀，也可提升個人的成熟度與睿智。

7 劈腿有風險，下手需謹慎！

社會心理學家大衛・納克斯（David Knox，1975）主張，男女由初識到許下婚姻承諾，通常會經過四個階段。他是上個世紀專注於兩性研究與兩性關係的學者，現在已經是二十一世紀，我們注重的是性別互動與性別研究，但因為是研究感情，人有七情六慾，自古以來都是一樣的，其理論仍可運用於現今，放諸於四海。

1.物以類聚階段：在此階段，個人的特質要能夠提供足夠的刺激來引發彼此願意交往的動機，也就是要看到自己喜歡的人才會產生結識的意願，然後展開偶發或不定期的約會。

2.融洽階段：雙方繼續交往，發展彼此喜愛的活動，分享共同興趣，而達到彼此傾吐內心的許多小秘密，甚至發展出「我們的歌」、「老時間老地方」等現象，約會次數也增加，逐漸成為固定約會的型態。

3.（非正式）承諾階段：戀愛過程中，一方或雙方強烈的感覺到共處的歡愉與滿意，希望確定彼此關係的持續，但承諾的壓力也因此產生。此為一對一的固定關係，這個階段的承諾屬於「配對的獨佔」性質，而非婚姻關係中的承諾。

4.深入了解階段：雙方處於一種飽經緊張之後的鬆弛狀態，交往時不再含有刻意表現優點而掩飾缺點的性質，趨於坦然與真實。此時若兩人表現出真正的自我與坦誠的溝通，才有機會進入更深層的認識。此階段可能會有「因了解而分開」或「因了解而結合」兩種不同的結果。

當然，從第二階段發展到第四階段中間必然會經過很多的喜怒哀樂，指責、生氣、吵架、冷戰、言歸於好，總要經過幾番磨合，欣賞彼此的優點，接納雙方的缺點，互相適應，慢慢建立深厚的感情基礎。

現代人談戀愛不以結婚為前提，而是訓練自己的性別人際關係，也是累積成長成熟的經驗，在此感情發展的四階段中，中途退縮的人必定不少，原因很多，其中一個比較複雜的原因就是劈腿。因為這已經不是兩個人之間的問題了，還有第三者加入，關係變得麻煩而複雜。

「劈腿」是台灣社會流行用語，英文稱為infidelity或unfaithfulness，也就是不忠、不貞或背信的意思。婚姻中的用詞是外遇或出軌，戀愛中可用背叛、外戀或出軌，最常用的還是「劈腿」一詞，泛指對感情不忠，包括心靈和肉體都算在內。也就是指一個人感情出軌，腳踏兩條船，甚至多條船的代名詞。劈腿沒有性別之分，無論異性戀或同性戀，都有可能劈腿或者出軌。

案例一：女友劈腿還死賴著不分手

我有個交往多年且穩定的女友A，在一起就同居了，但前陣子卻意外發現她在外面有小王，且已經發生關係好幾次，還會開著我的車去找小王！被發現後她哭著說不想分手，只是因為愛玩，其實心裡還是愛著我，我原本想原諒她，再繼續努力看看，但想起來還是很難過。

後來向她提分手，請她搬出去，但她每次都哭得很慘，讓我心疼之外也不捨。現在就是死賴著不搬出去，我也不想把關係搞得太糟，畢竟是深愛過的人，請問我該怎麼辦？好友說一切還是要靠我自己。可真的想不出方法啊。

案例二：學妹與男友，兩個都想要

我是女生，最近才發現自己喜歡女的也喜歡男的，我愛著一個學妹，且發生過關係。學妹有點男孩子氣。在同一時間，一個條件很好的男生跟我告白，他的人格特質及相處模式跟我很合。

在交往學妹前我就很喜歡這個男生了，如今我又放心不下學妹，學妹的家庭環境有點複雜，常找我哭訴，我有種想保護她的感覺，而在男生那裡又有一種被呵護的感覺，我也不想放棄這個男生。學妹曾說我可以跟那個男的在一起，又跟她在一起，但我很心疼她，現在我已經跟男生交往了，學妹也知道，我該怎麼辦？

案例三：有可能一次愛上兩個人嗎？

我和王男本是情侶，交往期間對他付出很多心力；王男為我改變了很多壞習慣，是以往他的家人朋友，甚至歷任女友都無法說服他的，他卻自願為了我做出改變，以至於他身邊的朋友都認為我們是「真愛」。

我與王男在一陣子沒見面後感情逐漸變淡，我用過很多方法試著挽回，最後他還是提分手，過程中雙方都很難過。分手後我私訊他的好朋友，拜託幫忙注意王男的近況，要他不要做傻事，竟得知王男是劈腿和他們一起玩遊戲的C女才跟我分手。我想知道人有可能一次愛上兩個人嗎？難道「心動是本能，忠誠是選擇」這句話是真的？

問題原來是這樣！

〈案例一〉中的兩人同居多年，看似感情穩定，但因日常互動已成固定模式，熱情漸失。男友平日因工作忙，回家過兩人世界很安穩寬心，而女友在上班之餘逐漸不安於居家生活，她想玩想找刺激，禁不住外界的誘惑，背著男友劈腿，享受性愛歡愉。這當然是不對的行為，愛玩也不能當藉口，她的確嚴重地傷害了男友。提出分手是個好方法，以目前的情況看來，女友是沒辦法陪男友療傷的，還是暫時分開一陣子，各自冷靜思考，受傷者得先療傷再面對。

男生還深愛著A女，這幾年已認定她是固定伴侶，女生說還愛著男友，這當然也不假，但她可能分不清是真愛還是依賴，甚至是習慣兩個人的生活，又免付房租。問題是她不能利用男友的真誠感情與居住提供，理所當然的另交往他人。

她並沒有下決心回頭，只是利用男友心軟哭著不想搬走。兩人同住在一個屋簷下卻各有心態，也無法言和、溝通、同心來檢討問題，重建關係。這種表面上平靜的局面維持不了多久，未來傷害會更深。

〈案例二〉中，同性戀或雙性戀取向是女主角自己性導向的認同，她還年輕，才剛開始進入感情生涯，目前似乎還無法確定性導向，這個部分需要時間、知識、經驗與深入思考，以及自己的感覺與體驗，她目前的問題是將自己陷入三角關係。

雙人的人際互動就常糾纏不清，三人的感情糾葛更是複雜，基本上她想要有個心理上可依賴的對象，因此喜歡學妹的男孩子氣，又樂在享受男友的呵護。看起來她覺得男友在各方面都比較適合，已經忍不住與他交往了。

而女主角說想要保護學妹，感覺對她放不下，這其中當然有感情，但似乎友情及同情的成分居多，她的家庭問題別人愛莫能助，她必須自己去面對及調適，不妨提議她去找諮商心理師求助，深入晤談，以獲自我成長。但需要小心處理，務必將傷害減至最低。

〈案例三〉中的女生喜歡王男，為他付出愛心與時間，他感到被看重與接納。為了維持並享受這段關係，他把壞習慣都改了，不只贏得家人與朋友的稱讚，也增加了自信，因此他並不是為了女生本人而改變，是因為這份感情互動而變成更好的自我。但因為如此，他也產生了一些心理變化，越來越無法滿足於兩人目前的關係。

一陣子沒見面後王男趨於冷淡，女生沒注意到倆人沒見面時發訊息打電話也跟著減少或消失，這就是明顯的徵候，他已另有追尋了，而女生卻認定自己是對方的唯一。當男生提分手，還沒覺察他已經變了，甚至努力想挽回，心裡必定很難受，仍希望王男會像以前一樣深情對待。

蕙瑛博士的建議

〈案例一〉中的男生得宣示主權，表明立場，就是因為想要看這份感情是否還能繼續下去，才要她搬出去，各自回顧過去的同居生活，也衡量自己對愛情的投入與承諾，提分手的人口氣要溫和態度要堅定。當然個人去找諮商心理師，或兩人一起去做伴侶諮商也是個好方法。幾年的感情是難捨，但要走下去則需兩人有共識，願意再試試看，也藉此試探女友的決心。

〈案例二〉中同志學妹因為害怕失去女主角，勉強容許劈腿，對她而言，男性情敵的威脅可能沒有女性情敵來得大，但她一定不會快樂，而男生目前被蒙在鼓裡，對他並不公平，若他發現女友是雙性戀，他若因真愛而願意繼續發展，女主角勢必得處理與學妹的感情，她會大受傷害的；若男友因害怕或憤怒被欺騙，落荒而逃，則受傷的是妳自己。三角關係的處理，始作俑者必須勇敢面對，對雙方都要誠實，關係本來就應該透明，不論結果如何，他們倆人都會感受到被尊重，也會對妳感激，妳心裡就踏實了。

感情的事真的很難說，〈案例三〉中的王男到後來也許無法滿足於兩人的互動關係，也許覺得C女更適合他，亦或抵擋不住C女的熱情追求，總之他移情別戀了。他並不是同時愛上兩個人，而是先後愛上兩個人，他對原來女友的愛已經淡了。之所以沒誠實以告，往好處想是不想傷女友的心；往壞處想是自己無法面對劈腿的罪惡感，趕快提分手，眼不見舊人為淨，心裡才會好過些。只是劈腿畢竟是事實，他的確傷了女友的心，他的生活裡已經不存在女友了，欺瞞之人不足以掛心，因此被劈腿受傷的女生也要盡快將王男趕出內心趕出生活，認清兩人已經不是男女朋友的身分，才能整治自己的心情，做真正的自己。

愛的叮嚀

劈腿看起來是見異思遷，但其實原因有很多。尤其大學生才開始談戀愛，以為有心儀對象或者被對方猛烈追求很快就進入伴侶關係，然後就會有各種情況發生，當然也有交往多年關係穩定的伴侶到後來有第三者介入。婚姻中的外遇大部分導致分手，但婚前戀愛關係的劈腿，可以導致分手，也可以回到原來的關係中。

劈腿的原因大致可分為三大類：

1.情侶有一陣子會專注在彼此身上，但到了「深入了解」的第四階段時，會發現不是那麼喜歡對方，或者兩人真的不合適，但也很習慣對方，又不敢說分手，所以瞞著對方偷偷再交親密朋友。

2.情侶關係中有一方（不分性別）還年輕、沒定性，愛玩又花心，已經有穩定對象卻喜歡在網路上交友，或在現實生活中搞幽會，享受不同人的追求與溫情。

3.錯誤的愛情觀。以為談戀愛是騎驢找馬，先找一個對自己很好的人，享受他／她的愛情與照顧，然後再慢慢看會不會碰到心儀的人，立刻轉移目標，但又不願傷害原來的情人，想說能拖著就拖著。

劈腿者如果不是慣犯，通常只有背叛一次被發現，認錯道歉求和，對方傾向於念舊情，願意給彼此一個機會，言歸和好，繼續往下走。但也有很多人因為被伴侶背叛，深度受傷，不僅自尊受挫，信心降低，也不再信任任何對象，不願意再碰愛情，把自己封閉起來或變得憤世嫉俗，對人格影響甚大。在婚姻中就是這樣，因此伴侶諮商中有個重要的議題就是「恢復信任、重建親密」。年輕人如果因為被劈腿而心理受創甚重，一定要去做心理諮商，重新看待劈腿一事，找回從前那個活潑可愛的自己，而且要活得更有樂趣更開心。

8 結束與否 都要追求更好的自己！

「誰和誰好上了！」「誰和誰又分手了！」大學生的感情生活經常聽到這些句子。通常進入伴侶關係之前都會有一陣子曖昧，分手之前也都有徵候，雙方吵架或冷戰，身旁的同學朋友也會看到或感覺到。從身心緊貼到感情開始疏離，必定是關係中很多小事情沒處理好或難以處理，慢慢累積成不滿或怨恨，心就開始游離，於是產生分手的念頭。

從想分手到決定分手，乃至付諸行動，必然掙扎過一段時間。想分的一方或雙方，還有不想分的一方，此時就各有想法與做法，想離開者走不掉，總還有一些牽扯，而不想分手的一方更是想盡辦法拖延。因此分手並不能說分就分，就跟談戀愛一樣，都是感情路上的大議題，必須妥善處理，才能將傷害減到最低。

案例一：他不給承諾，還要等嗎？

分手後短暫交新男友，後來因實在不合適而分手，感覺跟前男友在一起比較快樂，乃回頭找他。他卻說被我傷過，不想再談感情，但他還是會約我出門，也像男女朋友一樣，接吻擁抱做愛，因為很習慣很享受，所以都順著他。我發現他還留著以往一起訂製的情侶手錶及我送他的禮物。我幾次問他到底對我還有沒有感覺，他老是逃避不正面回答。不知道是否要繼續等下去？這樣的等待值得嗎？

案例二：斬不斷情絲，真困擾！

高中到現在六年，感情起起伏伏。大一時他出軌，分手一段時間，但在他不斷道歉和挽留下我們復合了。復合後他持續和別的女生曖昧，當時我覺得如果只是聊天，曖昧好像可以原諒，因為沒有真的約出去，結果最近又抓到男友出軌，當然就分手了。只是我真的放不下，每天仍跟他出去吃飯，我自己也知道這樣的關係很不好，可是又覺得至少還有人陪伴，請問我該怎麼辦？

案例三：前女友變炮友，現任男友真不堪！

交往兩年的女友居然與多人劈腿，持續三個月後因為我覺得有異，她才向我坦承。分手後，女友有了新男友，而我並沒有另交女友，但是恢復單身的調適並不好過。四個月後她居然跑來我住處，一進門就抱著我，從此我們成為炮友。我對她的新男友深感同情，我自己也非常享受性關係，還是那麼美好，顯然她還是很喜歡我，也許我們真的有機會復合？

問題原來是這樣！

一般分手後曖昧的可能因素包括以下幾個：

1. 賭氣或衝動分手：在氣頭上時，恨不得眼前這個人消失，分手的話衝口而出，既然已說出口，礙於面子就賭氣而為之。不久後開始後悔，又不想立刻復合，乃從各種小互動重新連結起。而對方本來也不是特別想分，也就順勢來往。

2. 一方想吃回頭草：原本提分手的那一方，分手後也許交往過其他人，或者沉寂一陣子，後來念及原先那段感情中的美好，開始後悔，又不願認錯，乃做各種小動作試探對方的意願。被分手的那一方正好也還沒有對象，不置可否。

3.慣性：兩個人在一起久了，生活中充滿對方，時間也被彼此填滿，一旦分手都感覺很不習慣，還在適應「單身」，自立自強過日子時，只要有一方發出訊息，線上聊天或約出來見面，另一方經過躊躇思考，往往忍不住不理，慢慢的就有很多從前的互動出現了。這就是慣性。

4.愛面子：兩人言明分手，但又怕被人家問東問西，不想解釋。在人前還是有簡單的互動，有時候免不了弄假成真，又落入慣性的互動。

5.自欺欺人：原本不想分手的一方，分手後雖言明還是朋友，卻藉朋友之名找對方聊天吃飯。提分手的那方可能有愧疚，也就應允互動，兩人嘴上都說是朋友關係，即使有親密行為也順勢而為，雙方卻沒有任何承諾。

6.一方或雙方以分手為名降低感情溫度，嘗試及觀望一陣子：可能因個性不合相處不易或某嚴重衝突而分手，但念及長時間經營的感情，無法說斷就斷，乃決定嘗試某種程度的互動，先觀望一陣子。

7.以分手為要挾，欲以退為進：有一方要測試或懲罰對方，乃提議分手，卻又以情侶小動作來誘之，看對方的反應後再做決定。

8.純粹生理需求：雙方均有生理需求，也一向配合得不錯，或者某一方有強烈需求，分手後雙方暫無新對象，願意湊合各取所需，但也可能有一方希望藉維持性關係來恢復原來的感情關係。

〈案例一〉中，雙方同意分手，女方又交新男友，但覺得不適合，想吃回頭草，前男友拒絕恢復往日關係與名分，顯然對女生的不信任及對感情沒有安全感，但由於女方的善意表達，男生也念舊情，兩個人既然都還沒有對象，那就繼續來往，先觀察一陣子再說。但他也在測試女方，所以從前戀愛中所做的事情他也一一提出，女方因為很想再跟他在一起，也享受這種關係，所以他倆的互動嘴上不說，其實又回到情侶關係。

雙方關係都到了這個地步，就算男方不給正面回答，女方如果想要認真進入真誠平實的感情關係，就應該正色跟前男友溝通，到底是要做好朋友還是恢復情侶關係？這兩者的界線不可以模糊不清。不能再拖下去了，女方必須有勇氣將曖昧的彩球戳破，就名正言順的復合議題認真溝通討論，視男方的反應再做是否切斷的決定。

〈案例二〉中的癡情女生的男友，除了平時喜歡跟其他女性曖昧，還不斷出軌，六年未改，女生當然是傷心絕望，第二次分手顯然是下了決心。沒有人能夠忍受男友的心不在自己身上，付出的愛沒被尊重，缺乏真誠對待。

對女生而言，恢復單身的確需要一段時間調適，前男友邀約吃飯，她必然告訴自己「只不過是吃飯而已，飯反正要吃的」，寂寞與傷感也就減少了許多。而且男友也是抱著走著瞧的心理，一方面照樣花心，一方面也習慣性地跟前女友吃飯。這更顯示出他的不真誠，沒有顧及前女友的真正感受，妨礙她調適心情，阻礙她與其他男生約會的機會。

現實生活中，真的有不少男女就像〈案例三〉中的男士，無法忍受女友劈腿多人，結果當然是分手，卻又藕斷絲連，也不知是前女友性慾特強，新男友無法滿足她，還是她有點捨不得前男友，乃又找上他維持炮友關係。這位男士沉醉在溫柔鄉裡，總覺得有接觸比沒來往好，也許還有復合的希望。於是沉浸在一廂情願的幻想中，沒用理性來檢視現實生活中前女友是否適合自己。雙方的互動只剩下性交，且他只是前女友遊戲的對象之一，遲早會受到二度傷害。換句話說，他根本就沒有在調適。

蕙瑛博士的建議

如果情侶一天到晚吵架，分分合合，看起來像是歡喜冤家，其實關係品質已經因為吵架，口出惡言，互相傷害，而逐漸降低了，遲早也是分手。分手不是兒戲，兩個人相處了一段時間，不論是半年、一年或更久，總是投入很多感情，曾經共同享有很多美好時光，因為某些原因決定分手，不論是提分手或被提分手的人都不會好過。

分手後的調適

分手後的調適又是一個重要議題。所謂調適就是調整生活，適應沒有陪伴的自我。坊間有太多相關的資訊，尤其是網路上可以找到很多失戀後的調適方法，說的也很有道理。吳珮瑩諮商心理師，也是愛心理創辦人，「在失戀心碎中的你，想快點走出來嗎？」（2021）一文中，根據她的實務經驗，列出三點忠告：

1. 不要逼自己立刻好起來。從過去有情緒依賴的對象，到現在很多事情要自己想辦法的過程，要允許並承認自己的各種負面情緒，先傾洩出來，才能逐漸產生正能量來幫助自己。

2.如果確定要分開，至少在三個月內讓彼此處在「互動的真空狀態」裡。如果互動沒有真正斬斷，雙方就會一直維繫著希望感，接著就會一直停留在這個狀態，既不能分手也無法進展。

3.統整。要重新檢視自己對性愛感情的觀念，檢討過去感情關係的美好及缺失，從感情人際經驗中學習，好好愛自己，讓自己變得更好更成熟，帶著自己往前看。

美國科羅拉多波德大學的健諮中心（Health and Wellness Services, University of Colorado Boulder）也提供了六項調適須知，這是有研究根據的，非常有用的建議。

1.允許自己心中有各種情緒。當你慢慢接受分手的事實，且將注意力轉向其他正向的事情，負面情緒就會隨著時間慢慢消逝。

2.設定健康的人際界線。當然是不要再跟分手的對象來往，而面對別人的詢問或安慰時也不必一定要詳述細節，但是可以好意接納他人的關懷。

3.與身邊的人們重新連結。除了戀愛關係，生活中還有很多其他各種關係，都是社交支持。

4.專注在目前你最重要的事情。自己可以做的事情很多，先從愛自己做起。

5.當準備好的時候找時間反思。自我了解人生觀及性愛感情婚姻觀，從前的你是什麼樣子，將來準備做什麼，人生的目的是什麼，都是可以思考的議題。

6.向外尋求額外的支持。尋求個人諮商或參加團體諮商。

以上的調適方法不論是三點或六點，從整體來看，其實差不多。知易行難，尋求諮商心理師的陪伴與引導，可以調適得較快也較佳。

9 「幫我生小孩」的大迷思

以下內容是一則社會新聞：當初滿懷雄心壯志進入這家公司，美美以為可以有所作為，上司卻偏袒一位很會諂媚的女同事，自己沒機會發揮所學，半年下來，心裡很不痛快，跟爸爸媽媽說要辭職。媽媽率先反對，哥哥也說她好高騖遠，爸爸指責她年輕不懂事。

在公司不順心，回家也沒人可談心，美美下了班經常到星巴克喝咖啡滑手機。有一次不小心把自己桌上的咖啡打翻了，隔壁桌的先生看到了立刻從口袋掏出面紙幫她擦乾手機，對這突如其來的動作美美感到驚訝又喜悅，連聲說抱歉添麻煩，這位仁兄笑著說不客氣，然後又跑去買了一杯咖啡給美美。美美覺得此人體貼周到，乃請他坐下聊天並做自我介紹，對方也告知姓名，在某某公司任職。就這樣兩個人展開了聊天。

原來李君下班後也經常到星巴克喝咖啡，在筆記電腦上做點工作才回家。咖啡館就成了他倆每週兩三次約會聊天的地點。當然也逐漸發展到餐廳、電影院，甚至賓館。當美美向李君訴苦家庭關係不佳，他總是好言勸她早點回家，跟家人聊天，對家人好一點，而他也要早一點回去陪父母。美美覺得李君溫柔體貼、有內涵又孝順，是個值得交往的人，慶幸自己在最低潮的時候遇到完美男子。

李君雖不是美美的初戀，卻是進入她生活最頻繁的人，她把生活重心全放在他身上，不再抱怨工作，只等下班會情郎，家庭互動不佳也暫時拋諸腦後。雖然前兩段戀情都有性關係，但都是因為對方有需要她才勉強配合。然而跟李君在一起，他的甜言蜜語及撩撥技巧令她全身顫抖，忍不住縱情配合。有好多次兩人都太衝動了，李君懶得使用保險套，美美遲疑了一下，就被男友在耳邊的一句「我要你幫我生個小孩！」打動，立刻豁出去了。

戀情持續四個月後美美懷孕了，問男友何時結婚，他說遲早的事，最近父親健康不佳，母親忙裡忙外，先不要讓他們操心。懷孕三個多月，肚子微突，想帶男友去見父母，李君開始推託，美美這才發現有些不對勁。在賓館溫存之際，趁李君洗澡時偷翻了他的皮夾，身分證上的配偶欄已登記有人。美美大驚失色，質問時李君好像早有心理準備，抱著哭泣的美美說會離婚，願意和她在一起，也很快會買輛新車送她，作為補償。

美美的世界頓時翻轉了，自己居然當了小三，父母不會原諒她的，肚子裡的孩子不能沒有爸爸，還是等李君離婚吧，畢竟自己是真心愛他的，何況他是因為跟老婆感情不好兩人才會在一起這麼久。想是這麼想，真能這麼做嗎？

問題原來是這樣！

這是一則網路社會新聞，其實像美美這樣為愛沖昏頭失去自我的年輕女孩不在少數，只是她在懷孕後才發現男友已婚，卻未醒悟到遇上愛情大騙子，還傻傻地想等男友離婚。她從沒想過這是自己陷入愛情迷思，跌進溫柔鄉，一步一步走向崎嶇的人生路。

1. 生活重心不平均：家庭、工作及感情是人生活三大範圍，也是人生三大課題，本應平均分配。美美卻由於工作不順，家庭互動不良，一旦遇到有好感的男士，寄情於約會，沖淡了心中原本的不快，也投入所有的注意力及感情，達到忘我的境界，工作和家庭都不重要了。其實是孤注一擲，逃避部分現實。

2.認識未深就忙於上床：美美完全被對方的能說善道甜言蜜語打動，覺得被疼愛被重視被關心，很快就陷入情網，以為身體的接觸就是愛情的表徵，有了性關係就是真愛，彼此缺少深入認識及心靈交流。

雙方交往時最重要的是真正了解對方，個性、脾氣、習性、喜好、待人處事、家庭背景、工作情況、人際關係等，要交流的實在太多了，光憑幾個月時間，重點都在性愛上，所看到及感覺到的其實都是當時的表象。真正的愛需要較長時間培養且用心去了解，還要經過考驗。

3.三館是戀愛的根據地：咖啡館、餐館及賓館是美美和李君培養愛情的三個主要場所，他們沒有在其他的場域出遊，也沒見過雙方的家人朋友，只是沉浸在兩人的世界中，這樣的愛情無法經過考驗。陷入兩人世界不與外界接觸是最危險的，所謂旁觀者清，朋友們在羨慕之餘，有可能看到一些當事人沒看見的盲點，多少會提醒。而帶男友回家與家人相處，不論他們贊成與否，萬一有事也可成為支援。戀愛應該是公開且被祝福的。

4.沒認真避孕：成年男女有生理需要，不論渴望身心合一或各取所需，還未結婚就一定要認真避孕，不僅是尊重這份感情，也是互相保護，更是避免造成社會問題。他們倆人經常衝動於性事，偷懶未避孕，懷孕的機率當然非常高。

5.中了「我要你幫我生個小孩」的毒：女性在性愛方面最大的迷思就是男伴說「幫我生個小孩」，即為愛到深處想要與之成家。其實很多男性以此為藉口來讓女性意亂情迷，乃同意在做愛時不戴保險套而造成懷孕。「還沒談到結婚為何要懷孕？」這麼簡單的邏輯就被情慾擊垮了，且戀愛中的女性都太信任對方，反正有了小孩就結婚，先上車後補票，以為順理成章，沒料到可能碰到已婚的玩家或不負責任的未婚人渣。

6.沒有自我了解，缺乏自信，毫無人生規劃：美美個性孤僻內向且缺乏自信心，家庭及一般人際關係均不佳，不會主動溝通，生活過得並不開心。李君偏偏在她最需要陪伴安慰之時走進她的生活，打開她的心扉，開發她的情慾，讓她整個人活起來，開始編織美夢，以為李君就是她的人生。

蕙瑛博士的建議

由於有孕在身，算是緊急個案，處理方式就牽涉了醫學、法律及諮商三方面，美美一心向著李君，當然傾向於等他離婚後共築愛巢。問題是李君了無歉意，給了不務實的承諾，還以贈汽車作為補償，真是誠意不足愛意不見。再拖下去，這段關係會很難看的曝光，捲入家庭糾紛不說，被父母唾罵，工作也可能受到影響，美美可能成為一個可憐無助的未婚媽媽。

但無論如何還是得面對現實，孩子的去留得徵詢醫師的診斷，再由美美決定。若她決定要生，李君會認子成婚嗎？還是要帶走孩子歸李家撫養，放生美美？美美有能力及經濟基礎獨立撫養孩子長大嗎？這些都是她沒考慮過的。在此危急之際她一定得向父母坦承並求助，全家人一起面對這個大難題，是要訴諸法律指控李君隱瞞已婚身分，還是要和解好聚好散。短時間內要設想周全，怎樣才能對美美最有利並助她走出困境。

美美當然需要天助人助，但更重要的是自助。經此變故後，多少會有點覺醒，也可能了解到男人不一定可靠，該為自己著想了。這時就是她尋求心理諮商的最佳時機，在諮商歷程中有了深度的自我了解，就能自心中產生力量，發展自信，覺察自己的優缺點及喜惡，思索生命的意義，然後才能找出人生的大方向，慢慢再做細部規劃。美美需要一段時間來整理自己，才能活出新的自我。

愛的叮嚀

聽聞這則新聞的人必會搖頭，覺得女主角好傻，為她感到不值。其實美美的致命傷就在李君那句「幫我生個小孩」，不知有多少女孩因為這句話未婚懷孕。因此父母／老師在教育孩子／學生時，一定要強調「結了婚才能有小孩」、「戀愛期間絕對不能懷孕」，這些忠言也適用於成年的親子對話。

這絕不是陳腐保守或老生常談，現在的父母早就管不住成年子女的感情關係與性愛生活，但可以好意提醒，也是表達關心與愛心。情侶交往本應循序漸進，由有緣相聚階段進入融洽階段，彼此相知相愛相惜，當然就有責任保護自己和對方，婚前不能懷孕，未來才能大大方方地走入禮堂，或者輕輕鬆鬆地好聚好散。

10 愛上了，不可自拔

交友軟體有很多種，有些目的是約炮，雙方心甘情願，享受男歡女愛，不必有牽連，這也是現代男女關係的一種。這類關係中以一夜情較多，但也有牽扯不清的，最怕就是一方陷入感情漩渦，沉浸在甜蜜的性激蕩中，期待由性發展愛，另一方的投入卻不均等，也就造成個人極大的困擾。

案例：男友陷性愛糾紛，美芯好困擾

「上大學後開始與異性交往，前後與四位男生約會過，最後都無疾而終。直到大三下，透過交友軟體認識了A君，人相貌堂堂，體貼善道，明知他有利用交友軟體與別人發生性關係的習慣，我還是接納了他，因為我真的很想交男友。」

「原本只想享受男女情愛，但發現我越來越喜歡他，開始認真起來。幾次發現他還在使用交友軟體，但因為彼此相處很好，我也就原諒他了。大約四個月前，A君突然收到法院傳單，原來他威脅某女生跟他發生性關係，否則就要將她的照片外流。女生以妨礙性自主的罪名將他告上法院。幾經談判，最後達成和解，也就沒事了。」

「男友保證不再犯，也刪除了交友軟體，我對他既眷戀又害怕，但最後還是選擇原諒。因為擔心會再被傷害，所以我的焦慮症復發，身心俱疲，明知應該結束這份感情，卻萬分不捨。但因為喜歡他，所以是一個願打、一個願挨，唉！」

問題原來是這樣！

人都有親密關係的需求，大學時代交男女朋友是很自然的事，但畢竟涉世未深，且對愛情有許多不實際的憧憬，所交往的對象有時僅是一時之歡，而非永久伴侶。大學階段的交友其實就是性別人際關係（男女／男男／女女）的練習，所以有過幾段戀愛關係是很正常的，重要的是從交往經驗中得到閱人、擇人及自處的能力。

美芯的感情關係看起來「穩定」，誰也沒說要離開。原有的相處、親密及男女朋友名分仍持續，但她的心靈毫不平靜，如處在水深火熱中。一邊談戀愛，一邊走著瞧，前景未卜。這份關係從頭到尾都蘊藏危機，但當局者迷，尤其是初談戀愛的年輕人，陷入感情中就失去理性，茲分述如下：

風險1：使用交友軟體

交友軟體本身是中性的，就像金錢一樣，端視使用人的動機。A君將其用來與人發生性關係，美芯正如許多想談戀愛的女孩，抱著好奇心，以網聊及視訊來交男友。網路上的互動不完全真實，虛擬美化了情感，讓人產生神秘感與期待的心情。在還不知對方真實面貌前，因為網路上文字的蠱惑，已經投入感情，等真正見面時，以為彼此已經很熟稔，其實還未真正認識及瞭解彼此。

風險2：情人眼裡出西施

只欣賞對方優點，無視缺點，初次談戀愛的美芯欣賞A君外表，享受他的體貼，很快就認定他是自己的真命天子。明知他還透過交友軟體與別人發生不正當關係，但因為A君對她百般殷勤，總以為自己是他的真愛，只要他仍陪在身邊，就睜一隻眼閉一隻眼，生氣被哄過後就又原諒他了。完全沒想到A君的人品、他扭曲的感情觀及價值觀，及自己所受到的不平等待遇。

風險3：親密關係的品質

生命中初次嘗到肌膚之親感到很震撼，加上男友又是房事老手，懂得撩撥女性的情感，讓美芯感覺愉悅又幸福，因此相信他的甜言蜜語，沉溺於男女情愛中，誤以為性就是愛而無法自拔。其實她卻忽略了情侶間最重要的心靈溝通與承諾，高品質的親密關係是貫穿身心的，僅有身體上的激情，感情無法持久。

風險4：一廂情願的性關係

在交友軟體上回應邀約的許多女性，其實不是想發生性關係，而是抱著能進一步交往的期待才與網友見面。但A男的目的只有性，自然不會去關注女生感受，可能那位受害的女生與A男發生性行為後發現他不適合繼續交往，拒絕再見面，而A男貪戀與她的激情，或者惱羞成怒，乃脅迫她再次有性關係。

男女間的親密行為必須是心甘情願的，A男這種妨害性自主的行為是流氓作風，為逞私慾及保住面子，完全不尊重女生的意願。其實他骨子裡就視女性為玩物，殷勤體貼只是他迷惑女生的手段之一。美芯受傷難過卻沒深入去觀察A男的人格，只想著穩定關係，沒看出A君是心理嚴重不健康之人。

風險5：個人及公共衛生觀念

儘管A男在外與他人發生不正當性關係，美芯還是痴痴地守著他，殊不知A男與許多女性的交合會帶來很高的健康風險。生活中如果經常有不正當性關係，有可能會感染性病及愛滋病毒。A男自己不害怕，美芯卻因無知無感而不知防範及自我保護，每天生活在得病的風險中。

風險6：焦慮症現況

原本就有的焦慮症，現又因男友妨礙性自主事件的影響而復發。生活於擔心與不安之中，心情不穩定，可能變得疑神疑鬼。A男若是故態復萌，可能又會加重她的病情。

風險7：自我暗示

美芯的自述中強調「越來越喜歡他」、「就是喜歡他」、「一個願打一個願挨」，或許因為A男對自己行為的辯解，一再說明自己的真愛就是她，其他女生都是一夜情而已。美芯明知A男和很多女生有性關係，卻選擇原諒他，傻傻地以為他能自此次事件中學到教訓。為了要趕走不安全感，美芯不斷地自我暗示，認為她對A男的愛可以克服她所受的傷害，反正A男已刪除交友軟體，不會再犯了。問題是這種自我暗示只能平衡自己的心理一段時間，畢竟這是一廂情願，而不是兩人的真愛。

蕙瑛博士的建議

美芯其實已經困擾四個月了，有很多感慨及疑問，很想找人說說，卻又不知找誰傾訴。因為這不僅難於啟齒，且她認為多數人都會規勸她離開A男，但這是她最不想要的答案。後來她找到了一個出口，就是匿名寫信求助，想聽聽專業的意見。

基本上她內心還是覺得這段關係有問題，很想落實兩人的感情基礎，但她又不夠強大到足以引導A男看到問題而做出改變，眼前她只能先顧自己，維持現有的狀態。建議美芯可尋求以下管道幫助自己：

1.與男友溝通：在任何關係中兩人應該是平等的。真正的愛情是建立在親密、激情與承諾三要素上。美芯應以耐心及愛心多次與男友溝通，給男友機會來建立感情基礎，發展一對一的親密關係。這當然也是對男友的一種考驗。

2.自我心理建設：人生本來就會有許多挫折，愛情之路也會崎嶇不平，遇到困難就得去面對、處理及解決。因此凡事都要有最好及最壞的打算，不要害怕失去才能獲得心中的自由與自在。

3.尋求專業協助：年輕人一般較少願意向家人求助，美芯亦是如此。建議她去做心理諮商，學習自我覺察及建立正確的感情觀，在自我成長的過程中瞭解自己的生活目標及感情需求，才有力量去做對自己有利及有建設性的抉擇。

愛的叮嚀

美芯求助諮商幫助自己，原本是想要在關係中穩住男友，但在歷練的過程中自己會越來越強大，就會更愛自己，也會逐漸看清楚，這段感情除了滿足性慾之外，心靈的溝通與精神的連結是漸趨穩固的嗎？跟這個男人在一起能夠真正的快樂嗎？接下來的發展，無論是繼續交往或捨棄這段感情，美芯的決定與方向都會是正向樂觀的。

11 湧現成年族的愛情困擾

詹森・阿內特博士（Jensen Arnett）是美國克拉克大學（Clarke University）的心理學教授，一九九五年在他歷時五年的實驗中，訪談了三百位十八到二十九歲的年輕人，發現他們還是具有青少年時期的一些特性，也還沒有達到成年人的成熟，仍在生活中學習與掙扎，就把這個階段稱為湧現成年期（emerging adulthood），其定義如下：

1. **「認同」探討的年齡階段：**年輕人正在決定，他們到底是誰，以及他們想從工作學業和愛情中得到什麼。
2. **不穩定性的年齡階段：**高中畢業後那幾年居住不是很穩定，可能離家去念大學，住在宿舍或在外邊租屋，或者與伴侶同居。通常是在三十歲以後有了家庭跟事業後才穩定下來。
3. **自我專注的年齡階段：**脫離父母的管束與學校的約束，年輕人試著去決定他們自己想要什麼、想去哪裡，以及想跟誰在一起，這些都是他們在結婚、生子、發展職涯前所沒有的限制。

4.感覺卡在青少年與成年兩個時期間的年齡階段：很多湧現成年族說，他們是為自己負責，但還是沒辦法完全感到自己是個成人，還有很多事情搞不清楚或不知道怎麼做。

5.有很多可能性的年齡階段：通常是比較樂觀，大多數的湧現成年族相信他們有比自己父母過得好的大好機會，而且即使他們的父母離婚了，他們還是相信自己可以找到終身靈魂伴侶。

案例一：惡霸女友

王男二十八歲，進公司三年，前陣子在公司春酒時抽到一台電動機車，非常開心，立刻發簡訊給女友分享好消息。第二天一早女友就發來訊息，要求將這台電動機車以兩萬塊的低價賣給她弟弟；王男還來不及回覆，第二個訊息又來了，女友說自己的電信合約快到期，希望男友將賣電動機車的錢給她續約買iPhone手機。

突如其來的要求，他覺得有點吃驚，但他還是老實相告，打算將這台機車送給姊姊，沒想到女友突然翻臉，怒批「你真的很自私，到底我們的感情比較重要，還是你姊比較重要？」還威脅提出分手。王男覺得很困惑，兩人交往至今才五個多月，還在牽手階段，還需要更多的磨合，也應該互相包容體諒，他不明白把自己抽到的機車送給姊姊叫自私嗎？

案例二：身累心也累

鍾雲已經兩個禮拜沒理男朋友了，對方也沒很熱衷求和，只是偶爾丟個問候訊息。鍾雲看著手機內那些出遊的照片，毫無甜蜜的回憶，總覺得自己是領隊兼導遊，率兩人團出國。

與男友交往三年，參加過兩次國外旅行團，旅遊雖然新奇好玩，但跟團有很多不方便，尤其男友不喜歡跟不熟的人一起旅行，所以兩人就說好自助旅行去韓國。計畫確定後，每次要找男友討論行程，他總以工作忙來推拖，眼看日期逼近，鍾雲只好獨自處理機票、酒店、景點等一系列規劃，前後忙了三天三夜。

出發後，男友一路上就對鍾雲安排的行程百般挑剔，甚至嫌浪費錢。鍾雲一路緊張還受氣，沒什麼心情欣賞沿途美景。幸好五天很快就過去，回台北後鍾雲不太想理男友，就以工作忙為藉口，約好兩個禮拜後再見面。

鍾雲回顧韓國之行前後歷程中兩人的互動，忽然想到結婚以後如果什麼事情都要由她來做，還不見得會令他滿意，自己不累死才怪，重要的是心累，由於情緒沒有被男友照顧到，她突然萌生分手的念頭。

問題原來是這樣！

任何人讀了〈案例一〉的故事都會很同情王男，但也一定很為他慶幸，正好藉這個事件看清女友的個性。她當然不是一個壞人，而是相當有侵略性的人，顯然都要男友聽她的。從她的言行舉止可以看出她對愛情觀念的謬誤，這也是一般人對感情的迷思。

她具有傳統「你的就是我的」的婚姻金錢觀。持這種觀點的人認為，在婚姻中男方就應該出錢養家，他的東西都該由女方支配。其實不管男女，都是獨立平等的個體，且現在多是雙生涯家庭，夫妻雙方都有收入，要共同投入家庭的開支及小孩的撫養教育費。而他倆現在只是男女朋友，連開口要對方送東西都有點過分，還連問都沒問就要男友低價賣抽獎中的獎品。

才交往不到五個月就認定男友是她的男人，可以開口要東西、可以討價還價，殊不知男女交往要盡量溝通金錢觀，卻不能有金錢往來，尤其是在交往初期，一旦有金錢糾葛，利益若大於感情，很容易會翻臉，傷心傷身傷財的事情經常可見。

「我們的感情重要還是你姊姊重要」，這個問話就好像問男友「你媽和我同時落水你要先救誰？」一樣沒必要。有了女友固然很快樂，但也不會不顧家人，弟弟會想要把機車送給姊姊，一定是自小受姊姊照顧，打從心裡愛姊姊，而女友居然不能忍受姊弟情深，還威脅要分手。

〈案例二〉的鍾雲心中很不平，怨男友都未參與旅遊規劃，也擔心萬一結婚後什麼事都得自己扛起來。只是有點奇怪的是，兩人在一起三年多，鍾雲為什麼到這次韓國行才看清對方？三年多的相處，難道每天都很愉快，從不起爭執嗎？很可能前面都是吵過就算了，沒有放在心上，其實兩人之間早就存有一些不相容性。

有些人很擅長規劃旅遊行程，有些人對此就比較不靈光，或者很少接觸這方面，男友可能就是這類人，所以乾脆全丟給鍾雲去做，但他的態度是真的有問題。若沒興趣或太忙無法參與，應該老實跟女友說，誠懇道歉之外還要經常說些讚美的話來安撫她的辛勞，並經常打電話問進度，給予精神上的支持與認同，但是他完全沒這樣做，還一路嫌東嫌西，讓旅途中兩心疏離，甜蜜感減少，甚至影響到回國之後的生活。

蕙瑛博士的建議

愛情的世界裡雖只有兩人，但這兩個人在各自的世界裡還有其他關係存在。〈案例一〉中女友認為沒聽她的話不順她的意就是自私，沒有為男友著想，沒有分享男友的快樂，沒有感動於他的姊弟情深，反而罵他自私，這就是心理學上的投射作用。王男的想法沒有錯，交往才五個多月，本來就需要更多的認識與磨合。這件小事揭開了女友的面紗，自己跟弟弟最重要，還拿自己跟男友的姊姊比，甚至以分手來做威脅，很快就看到她的個性與教養。

王男可能談戀愛的經驗不多，個性溫和，被罵自私雖然不開心，還是想確認自己的感覺及想法是否正確。他當然應該秉承自己的初衷，將抽到的電動車送給姊姊，如果女友真的鬧起來，就該誠實地告訴自己，她並不適合當女友，兩人因了解而理性分手。

〈案例二〉中鍾雲由小事看到未來。男友現在不參與兩人的共同事務，婚後她得一個人承擔，如果兩人真要往前走，那必須就生活中的各種大小議題多次溝通，慎重討論，也許有些事情他真的不喜歡或不擅長，例如規劃旅行，兩個人攤開來講，以後就不要自助旅行，參加旅行團非常省事。其他生活中的事情，兩人一有不同意見就得商量討論，給自己跟對方一些空間來融合。

不妨嘗試半年，如果有改進就表示這段關係有希望，可以往前走，如果有一方覺得累，或者兩方都不開心，就表示兩個人不合適，分手也許就成為共識。

愛的叮嚀

阿內特教授描述湧現成年期，就是從青少年期的終了到青年期，開始要擔負起人生的責任，如穩定的工作、婚姻和為人父母等。這種現象的出現是過去幾十年來美國的社會與經濟改變引起心理學家的重視，在目前進步的台灣社會中亦然。他指出，「如果快樂是在你對生活的期盼及你真正得到的之間的差異，那許多的湧現成年族他們是很不快樂的，因為他們期待太多了。」

本文兩個案例的故事其實很平常，不一定是男女朋友，同志伴侶也會有一樣的事情發生，通常都發生在湧現成年期。雖說已出社會工作的人會比大學生談感情稍微現實一點，但也還是在掙扎與學習階段。

當然也不是說三十歲以後的人就很成熟，但在湧現成年期這個階段成家立業是個大目標，個人不但要專注於工作，還要拓展人際關係並經營感情關係，在人生還沒站穩腳步之前的確是個很大的挑戰。正如阿內特教授所說，他們對人生很多事情的期望與真正在現實生活中得到的是有差距的，所以他們不快樂，尤其是在感情方面。所以還是要從個人做起，要有充分的自我了解，發揮自己的優點、接納自己的缺點並加以改進，才能讓自己更成熟。

在人際關係的互動中，要學習表達感情、關心別人，建議可以定期做心理諮商，有了諮商師的支持、陪伴與引導，自我成長可以加速，感情關係也可少走崎嶇路。

12 藉感情生變重新定位自己

很多戀情都是先甜後苦，最終以分手收場。以下兩個案例亦都是由甜入苦，但戀情的內容完全不相同，共同點都是男主角負心、女主角受傷，明知男人的心已不在自己身上，卻還跳不出感情的漩渦，無法接受事實冷靜思考，情到深處，痛苦的陷在徬徨點上。

案例一：愛上腳踏多船的渣男

我成長於破碎家庭，一直認為是因爸爸不忠造成父母離婚，從小發誓不介入別人的婚姻。認識王君時，他說他離過婚，不想很快進入認真的關係。經過幾個月甜蜜快樂的時光，才發現他一直和兩個女人都有親密關係。但愛情是盲目的，我還是沉醉在與他的激情中。

但一想到他跟別的女人也是這麼親密，我就近乎抓狂，當然就開始吵架，分分合合好幾次。後來王君開始抱怨我老是纏著他，重傷了我的自尊。然後他就開始數落我說認識我是個錯誤，更糟的是他還把性病傳染給我。我覺得我這一生完了，怎麼會愛上這個渣男呢？我真想去找那兩個女人揭發他的真面目，但我才是第三者，本身有過錯啊，我該怎麼辦？

案例二：癡情女老被騙還不死心！

我們在一起八年，訂婚也有四年之久。他一直很有女性緣，也常有曖昧互動，我都相信他。去年我無意間發現他和一個長他六歲的女生已有七個月的感情關係，他甚至趁我和家人去旅行時帶去給姊姊跟姊夫看。我聯繫上那個女生，她說我未婚夫說是我先愛上別人所以離開他。

在我質問之下未婚夫回答了所有問題，也承認錯誤願意回頭。沒想到隔了一個月，我在他手機裡發現兩人更多的對話。我打電話給第三者說願意把未婚夫讓給他，但心裡還是存有關係可以挽救的希望，請問我是不是太笨了，被騙了還不死心？

問題原來是這樣！

〈案例一〉中的王君以剛離婚不想太快進入承諾關係為藉口，抱著願者上鉤的心態與一心想談戀愛的甲女交往，很快擦出火花。進入親密關係沒幾個月甲女就覺得有異，發現對方只是玩愛情遊戲而已，前面兩個女人都跟他有較深入的男女關係，且仍處在他的生活中。甲女當然希望王君對他專情，雙方期待大不同，爭吵逐漸取代了甜蜜。王君因為不珍惜甲女，不在乎她的感覺，一直被吵覺得很煩，就開始數落她的不是，還把性病傳染給她。甲女因受傷太深，存報復之念，居然打算跟王君的兩位女友揭發他的所做所為，想要與王君同歸於盡，確實很多衝動的受傷者會想這麼做。

甲女自身本來就有些議題，幼時父親外遇，她必然受母親影響，痛恨也不齒第三者，發誓不當小三，這當然沒什麼不對，但她在與王君的關係中卻以「小三」身分對號入座，王君風流，以二度單身周旋於三個女人（也許更多）之中，但女朋友並不是先來就可以當正宮，甲女只是王君的玩伴之一，絕不是小三，而她卻充滿罪惡感，不斷地自責貶低自己，更是加深了傷痛。

〈案例二〉中的乙女，連訂婚加起來愛情長跑了八年，她自以為很了解未婚夫的個性，愛聊天有女人緣，相信自己是他的唯一，所以包容他與其他女性的互動，平日沒有特別注意或加入其互動，每天理所當然地與未婚夫相處，沒覺察到日復一日的安定感情已趨平穩，無浪漫漣漪及新奇感覺了。

未婚夫可能覺得生活中的大小事都能被長他六歲的女生同理與關注，在情緒上很被照顧，逐漸發展心靈交流，視為靈魂伴侶，所以趁未婚妻去旅行時將新歡帶給自己家人認識，有想要參考他們意見的心機，情況其實已經很嚴重了。

乙女自新歡口中獲知未婚夫謊稱她劈腿離去，等於欺騙了新歡，對方應是無辜陷入情網的，加上男方沒有迴避質問，承認錯誤並願意回頭，乙女就像任何戀愛中的女孩一樣，選擇原諒他並希望一切照舊。問題是未婚夫又再次欺騙乙女，她當然更受傷，絕望之餘主動告知新歡自己要退出，內心希望未婚夫與女友或許良心發現，她就還有希望與未婚夫走下去。

蕙瑛博士的建議

甲女的當務之急就是去見諮商心理師，因為她本身就存在許多議題，家庭關係、自信問題、個人戀愛觀及人際關係等，加上她對「小三」一詞的迷思，都在控制著她的心裡，產生許多負面情緒，對自己沒信心，感覺人生沒希望。

甲女的人生不能因為一次戀愛失敗就被毀壞，要冷靜面對現實，從錯誤中記取教訓，不要再因為男人的甜言蜜語就掉入溫柔的陷阱。因此她沒必要再跟這個渣男聯繫，更不需要去找他的女友們「揭露」，這不是誰對誰錯的問題，而是一個願打一個願挨。甲女不必心存報復，避免自取其辱，要先學習保護自己愛自己，她應該每週靜心地去做諮商，專注於自己身體和情緒方面的療癒。

乙女也是識人不清，很多男性也是頗受女性青睞，然而一只碗敲不響，要不要跟別的女生交往是男生自己的選擇，多年的感情加上四年的婚約，並沒有讓未婚夫守著忠誠。第三者說她當初並不知道男友還在一段有承諾的關係中，這是有可能的。乙女的未婚夫覺得感情關係平淡，想要嚐鮮找刺激，就編出女友先劈腿的謊言，等到被發現後認錯懺悔，卻還是陽奉陰違再度背叛了乙女。

這樣的渣男不知道跟新歡說出多少謊言，乙女明知下一步應怎麼做卻不想去做，嘴上說要退出，心裡卻還抱著希望，有自欺欺人之嫌。未婚夫從摯愛變成劈腿男，兩人的感情不可能再恢復從前那樣相知相惜相愛及信任了，也就是說這段感情終於經不起考驗，因此需要改變的人是乙女自己，且需要做很大的改變。這時候她需要陪伴、支持及引導，尋求心理諮商是最好的途徑，早日把未婚夫這根刺從心裡拔出來，將他徹底趕出自己的生活。

愛的叮嚀

兩位女主角有一個共同點，就是想找情敵談話，乙女甚至還付諸行動，這就引出一個被劈腿者常自問的問題「我是否該去找對方談談？」，就是正宮覺得自己理直氣壯要去向「小三」與師問罪，與電影上演的妻子殺氣騰騰跑去找丈夫的外遇，本文中卻是未婚男女出現情變，所以不太一樣。

甲女想要找男友的另外兩位女朋友，目的是要揭露男友劈腿多人的行為，想要讓她們知道他非好人，或許想要把她們拉到同一陣線，同仇敵愾。只是她並不了解男友跟她們的情況，勢單力薄，貿然前去很可能引發她們的負面情緒，使情況變得更糟，有可能被反脣相譏適得其反。其實該行為也沒必要，那兩位女朋友跟王君的關係由她們自己處理，重要的是甲女要先整理自己。

而乙女找上未婚夫的新歡才知道原來他兩邊撒謊，這時就要看男生的態度了，他不能再享齊人之福，必須二擇一。他表面上選擇回頭，私底下卻繼續與新歡發展，二度受傷的乙女應該看清此人不可託付終生，離開就是了，完全沒必要去告訴新歡說要「讓」給她，這是一廂情願的說法，兩個人都已經好上了，也不在乎她讓不讓了，還有可能自取其辱。

受傷的人被複雜的多種負面情緒驅使，有時會做出不理性的事情，反而更傷害自己。面對情傷時一定要三思而後行，去做心理諮商，找回自己重新定位，就是處理情傷的最好管道。

13 甜蜜的愛情滲出苦水

男女／男男／女女不論是在大學相識發展感情，或進入社會工作才開始談戀愛，初始都是很單純的聚焦在約會，享受彼此的互動，也就是說約會相關的那些活動促進了對話與交流，感覺良好也甜蜜。只是要真正的認識對方，不一定全靠彼此的傾訴與告知，也需要自己的觀察與感受。所謂日久見人心，慢慢地若發現伴侶的「真面目」，這時甜蜜的愛情便開始滲苦水了。

案例一：男友不體貼還死性不改

我們大四時認識，目前是社會新鮮人，交往兩年半，平常見面甜蜜，但常因想法不同而鬧彆扭。我確信我們都愛對方，想要的戀愛都是簡簡單單、自在相處，但總是找不到相處的平衡點。男友總是在我們難得可以打電話聊天時一心二用打電動，讓我覺得不被重視；再是跟他出去時總感覺我不是他女朋友似的，明知我要來也不會幫我留位置，或是進入室內時也不會幫我扶一下門，不管我有沒有跟上，好幾次我都差點撞上門。跟他反映後卻得出他平時對朋友也都是這樣的結論。

每次溝通完約好要一起改進，最後都只有我在遵守，覺得難過、倦怠，不懂我們為什麼要花這麼多時間溝通，反正他都認為無所謂、死性不改。難不成真的只剩分手這條路了嗎？

案例二：真擔心男友色情片成癮

我們是年輕上班族，交往七個月，感情時好時壞，然而雙方都想要深耕這段關係，無論在身體方面或情緒方面，所以我就搬進男友的小公寓，已同居兩個月，家事大部分都我在做，他會稍微幫忙。只是同居後我才知道男友喜歡看色情電影，居然每天都在看，還要我陪他看，起先我以為是想要改善我們的性事，但這對我們的性生活似乎沒什麼幫助，我覺得不太真實。

我勸他少看一點他居然對我大小聲，叫我不要管他。我真擔心他是色情片成癮，每次問他為什麼那麼愛看，他都安慰我說不用擔心啦，他只愛我一個人。我真不知道該繼續跟他在一起嗎？我實在是厭倦了這種充滿虐待且疏忽的關係，有點後悔和他同居了？

問題原來是這樣！

大學時代交男女朋友本來就比較單純。〈案例一〉的郁雯和男友必有互相吸引的特質且談得來，成為情侶後都以對方為生活重心，說的話做的事都希望對方開心，因此見面與否都感到甜蜜。只是時間久了，大部分的互動成了慣性，也成了例行公事，感情雖然還在，但各自開始露出原形，亦即在個性上放鬆了警戒，不再事事擔心對方不高興，除了愛情之外，生活裡也希望添加一些樂趣，因此男友找回自己最喜歡的網路遊戲，連講電話時也愛不釋手，惹得女友不高興。

講電話本應互相分享生活，分心打電動就跟約會時與他人讀寫訊息一樣沒禮貌，忽視彼此互動的重要性，郁雯當然覺得不被尊重，感到被敷衍。不論情侶或親人朋友之間講電話，通常除了要溝通的事情外，也要專注聆聽對方的口氣與聲音，這是一種真誠的連結，也是對人的關心與尊重。除此之外，生活中許多其他小事郁雯也覺得有被忽略的感覺。

她一直努力和男友溝通，說出自己的期待，得到的結果卻是看清他的真面目，原來他就是只顧自己，不論對待女朋友或朋友都是把自己擺第一位，沒有替他人設想。在郁雯一再要求下他說會改進，卻從沒實現，郁雯感到很失望，時間一久覺得心累，很難維持從前對他的熱情，乃萌生去意，朝著分手的方向思考。

〈案例二〉中，兩人交往沒多久就陷入熱戀，但也經常鬧彆扭。雅惠可能以為同居可以有更多時間與男友相處，還可以試婚，所以才交往五個月就搬去跟男友同住，而有人在自己的小公寓裡扮演賢妻，男友又何樂不為？然而現實並不如她想像的那樣。

男友的大男人主義逐漸顯露，家事都歸雅惠做，最令她吃驚的是男友每天都看色情影片，已成例行公事，這如果不住在一起就不會知道。雅惠被要求陪伴觀賞，當然很不習慣，也沒興趣。她也發現色情影片並不是閨房性事的良好教材，所以好言勸男友不要再看了，沒想到男友因此發脾氣，不准她干涉，仍我行我素，她只能一再忍受，委屈求全。雖然男友一再確認她是唯一，雅惠卻越來越無法接受男友的言行，才同居兩個月就已經「厭倦了這種有虐待性且充滿疏忽的關係」，甚至開始懷疑男友有性成癮而有意離去。這個關係的危機雖已自隱藏性浮現，但難以向外人道，讓雅惠困擾不已。

蕙瑛博士的建議

大學時期男女朋友有感情問題，他們不會跟父母分享，但會跟身邊的好朋友好同學聊天或訴苦，其實也只是抒發情緒而已，同儕並不能幫上什麼忙。上班族的感情關係產生困擾多數不會跟父母談，也不好意思跟同事說，頂多是跟閨蜜好友發發牢騷，別人也不好干涉「家務事」，結果還是自己大受困擾，既不能忍受當前的狀況，又捨不得離開溫柔鄉，通常都是在關係中聽其自然或拖拖拉拉，其實這些感情已經逐漸變質了，有去意的那個人心中想法已經不單純了，而伴侶也會逐漸感到親密感不似從前了。

〈案例一〉中的郁雯，談戀愛兩年半才真正認識男友的個性，看到彼此互動的不平衡，這段感情如果繼續，以後進入婚姻也是一樣的情況。現在雙方雖然沒什麼仇恨或傷害，但很明顯就是兩個人的個性不合，郁雯要的愛情是希望能夠互相關注、彼此照顧，也要感到被尊重、被疼愛。看起來男友的本性難改，也把郁雯的感情視為理所當然。離開或者留下就是郁雯當前面臨的人生課題。

長痛不如短痛，說起來容易卻無法割捨。因此郁雯最好去做個人諮商，回顧交往以來兩人的互動。先前的緊密與目前的理所當然，自己先獲得洞察，評估這份關係的價值及展望性，最重要的是弄清楚自己想要一份什麼樣的關係，理想的對象是什麼樣的人，目前的狀況與理想的差距越來越大，當然是離開的時候了。至於要如何離開，就是做決定後下一步諮商的重點了。

〈案例二〉中的雅惠，交往沒多久就與男友有親密關係，只顧盡情享受，從未有性溝通，所以不知道雙方的性價值觀原來差那麼遠。同居之後每天相處，知道男友有看色情影片的癖好，並要求她一起觀賞。雅惠不是沒有嘗試，也以為對性事會有幫助，結果發現完全不是那麼一回事，除了自己不喜歡，不能接受，也很不願意男友有這樣的癖好。沒想到表達意願後卻起衝突，除了被男友斥責，也因為抗拒而對A片心生恐懼，感覺有虐待性，心理上起了極大的變化，以致影響到雙方的感情，甚至想搬離男友的公寓。

搬出去絕對會影響兩人的愛情關係，但留在公寓裡，雅惠心理的抗拒也會影響到彼此的日常生活與性生活。這個艱難的決定雅惠必須自己做，因此尋求心理諮商是當務之急。

諮商師可以教導雅惠如何就看色情影片的議題與男友溝通，了解他的成長史與性教育歷程，並勸導他去做個人諮商，或者兩人一起來做諮商，目的是讓男友更了解自己，正視這份感情關係，也可以知道自己是否是A片成癮，這樣能幫助自己也幫助女友，這段關係才有挽救的餘地。如果男友完全拒絕，溝通的管道被堵塞，愛情只有危機沒有轉機，雅惠自然會失望的離開了。

愛的叮嚀

談戀愛，開始總是好事，浪漫激情，然而好的開始並非成功的一半，愛情不一定是一帆風順，何況一路走來甜蜜，不見得就是關係基礎良好，愛到後來總有怨尤。郁雯與雅惠的感情危機導因看似不相同，卻都是與男友個性有不相容性，女友感到感情不如自己的期待，心理被傷害了乃萌生去意，這很可能讓危機無法挽回。當兩人的關係出現問題，單方面的努力總是吃力不討好，只有另一半能看到並覺悟自己在關係中的作為，才有可能化危機為轉機。

14 從戀愛到婚姻的漫長路

人都有各種心理議題，而年輕人常被親密關係中的種種問題所困擾，所以很多人會去心理諮商診所求助。通常以女性較多，男性會放在心裡一陣子，也不太願意跟別人談。而現在大公司都設有員工協助方案（Employee Assistance Programs，簡稱EAPs），這是美國一九七〇年代根據心理諮商在企業發展出來的新方案，透過公司內部管理人員及外部專業人員合作，去發現、追蹤及協助員工處理或解決可能影響工作表現的個人問題，一般包含社會、健康、心理、家庭財務、酒毒癮、法律、情緒壓力或其他個人議題等。這算是公司的福利之一，也鼓勵員工多加利用，但還是有些男性明明被一些問題困擾卻不願向外求助。

以下兩個案例均為男性讀者投書專欄，不願公開姓名，內容也甚為簡略，不是真的要尋求諮商，而是想請專家為其指出一條明路。

案例一：伴侶對婚姻有不同期待

戀情原本十分甜蜜，兩人無論是日常相處還是價值觀都很契合。然而隨著時間的推移，我開始感受到婚姻的壓力。作為一個已經出社會多年的成熟男人，擁有穩定的事業和財富，也覺得自己到了適婚年齡，所以急於與女友步入婚姻殿堂。

我認為女友研究所畢業後正是結婚的好時機，這樣也可以開始共同規劃未來的生活，她卻有不同的看法。她年紀較輕，對未來充滿了探索的渴望，想要再過幾年才結婚。她擔心過早走入婚姻會限制她的發展，也覺得我讓她陷入了兩難。我真的很失望，甚至覺得如果她無法接受這樣的安排，那我們可能無法繼續下去，這個大差異讓兩人陷入難以調和的矛盾。我想請問，在愛情中如何平衡兩個人對婚姻的不同期待，避免因性別或年齡上的預設而產生衝突？

案例二：距離讓愛情悄悄發生變化

我們相愛五年半，性格互補。女友是自由插畫家，對生活充滿浪漫與細膩的感知；我是個企業高層，工作繁忙，但對人生目標十分執著。起初我們被彼此的不同所吸引，覺得對方是自己生命中的平衡點，陷入兩年瘋狂的熱戀。然而，各自的事業越來越忙，生活的重心也逐漸轉移，我們開始因工作而長期分隔異地。

儘管如此，我們依然靠著訊息、視訊和短暫的相聚維繫感情。女友最近常說她雖然很享受這些片刻的親密，但內心深處時常感到空虛，渴望更多陪伴；我卻認為這樣的距離反而讓彼此有更多時間去追求自己的理想。這種差異雖然一開始只是偶爾的摩擦，但隨著時間的推移卻逐漸成為難以忽視的裂痕。

一次爭執中，女友正色地問：「我們這樣的感情真的算愛情嗎？還是只是一種習慣或依賴？」我不知道怎麼回答，沉默了一會兒才說：「愛情未必要時時在身邊吧？我們不也在彼此的成就中找到連結嗎？」我倆不約而同地陷入靜默深思。我真不知道這份感情能否承受現代生活的重重考驗？愛情的意義已在不知不覺中發生了變化？在當代社會中，愛情的定義是否因時代的變遷而改變？這樣的變化如何影響現代人對親密關係的期待與維繫？

〈案例一〉的來函背景簡略，但可推知案主大慶入社會至少十年，工作穩定，事業有成，也稍有積蓄，立業後欲成家。與女友各方面契合，一路走來戀情順暢，就盼對方研究所畢業後可以步入禮堂。

開始談到婚姻才發現兩人無共識。當然也因為女友比他年輕很多，等求學告一個段落，她當然很想自由地享受單身生活，去追求夢想，不想這麼快就進入婚姻，擔負養兒育女的責任。很明顯是雙方的近程目標大不相同，只是大慶迫切想在適婚年齡結婚生子，家庭與事業兼得，實現自己的人生藍圖。然而眼看近年內好像無法達成，感到困擾且失望，開始質疑是年齡上的差異還是現在女生都不想那麼早被婚姻綁住？大慶甚至還想到，如果女友拒婚，他可能會選擇分手。

〈案例二〉的文彬則相反，他是企業高層，五年半的戀情穩定，對他來說沒有後顧之憂，所以生活重心以工作第一，他也非常尊重女友去追求自己的藝術成就，以為兩人都很享受忙裡偷閒的戀情而安於現況。但隨著時間流逝，女友可能覺得年齡漸長，不喜歡長期兩地相思，想要有實體的依靠與歸屬，無法自遠距戀情得到滿足。她不只一次表達心情與期盼，文彬則不以為然，雙方為此數次摩擦，感情關係出現了裂痕。

很明顯的，文彬還想繼續這段異地戀，女友發現無法改變他的想法，當然會失望、難過與傷心。她覺得文彬沒有替她想，只用自己的想法加在這段戀情上。其實在這個溝通與爭執的過程裡，雙方的感情就已經開始產生變化了。所以女友說要冷靜一下，思考這個男人是否適合一起共度未來，兩人還要繼續發展下去嗎？

文彬來信詢問，愛情的意義是否還存在這份關係中，以及這份感情是否能夠承受現代生活中的重重考驗。其實不管在什麼時代，兩個人的組合，如果價值觀及對人生的目標不同，即使之前的戀情甜蜜美好，激情過後，或者已經相處了一段時間，就要進入兩人真正的人生，彼此可否攜手共度還是分道揚鑣，的確是感情關卡，也是人生考驗。

慧瑛博士的建議

雖然兩個案例的主訴求者皆為男性，想結婚者的性別卻不同，其實是很類似的案情。任何事情，一方說要、另一方說不要，就會產生衝突。小事情要達成共識比較容易，但結不結婚、什麼時候結婚，是很重大的決定，不僅跟時機有關，也跟年齡及個性還有個人所訂的人生目標有很大關係。因此原本順利滿足的戀情，會因彼此對人生的探索與結婚的期待而起了變化。

〈案例一〉中要妥協的是女友，除非她改變初衷，心甘情願與大慶步入禮堂，否則兩人僵持不下，大慶比較可能離開她去另尋結婚對象。而〈案例二〉中的文彬，除非他把感情關係提升到與事業發展並重，能夠付出較以前更多的時間與精神，而女友除了目前無法心滿意足外，也考慮到婚後可能比現在更糟的狀況。她覺得相處的時間短思念也會跟著減少，也許就會有二心了，而這也是人之常情。

當然，雙方若能就結婚（案例一）與相伴相隨（案例二）的議題多次溝通，各自讓步或多為對方設想，如大慶和女友設定一個雙方都能接受的結婚期限，不超過兩年，或者婚後幾年內不生小孩等等，就大議題中的小議題先達成共識，就比較容易走下去。而文彬也可以做一些努力，請調回原來與女友居住的城市工作，雙方協調好相處的時間與模式，大議題談定了，小議題就容易討論而有共識。總要有人讓步，當有一方先讓步，另一方也會被感動而自動讓步。在小摩擦變成大衝突之前就開始磨合差異，這樣感情才有救。

愛的叮嚀

說起來簡單，但真要溝通的確不容易，因為已經有摩擦了，雙方都帶著情緒，都覺得「你都只顧自己，沒有替我想」，都很怕被對方說服，有時候會拒絕溝通，有時候會自顧自地陳述。這就是現代社會心理諮商／婚姻治療為何會成為人們向外求助的專業管道。

大慶和文彬都在公司任要職，可以至人資（HR）部門申請員工協助方案的諮商晤談，通常是到有簽約的心理診所去，先做個人晤談，因事關雙方，他們一定會邀請女友前來諮商，主要也是面對感情危機，學習如何就他們的議題進行溝通協調。

在諮商歷程中，每個人都可以很誠實地對自己並向對方說出心裡話，提出對感情的問題與期待，彼此看到對方的內心深處，通過無數次的剖白與對話，再看看能否達成共識。即使真的無法協調，雙方都已做出最大努力，就算分手也無牽掛，更無仇恨。

15 那些同學們的三角情事

以往很多父母都告誡孩子，讀大學要專心學業，不可分心交男女朋友，等到學業有成，找到理想的工作再談戀愛也不遲。然而時代不同了，談戀愛在大學跟參加社團一樣是一種風氣，且有樣學樣，每個人都想開始自己的愛情故事，只是父母多半都無法得知，通常只曉得孩子有交往對象，整天看不到人影，或已經分手了，又形單影隻，在家的時間居多。

其實就只有同儕們最知道同學間交往的來龍去脈及發展狀況，在校園出雙入對，大家有目共睹；一旦關係出了問題，就會找同學訴苦或請教，絕對不會回家跟父母分享，也很少向外尋求協助。因此大學生的好友圈中就會有一些好友因為知道的太多，也很關心同學，自己倍感壓力，乃帶著別人的故事來向諮商老師求助。

案例一：好友變情敵

A男和B男是同班同學，感情非常好，不管是上下學、吃午餐或是假日都會在一起，幾乎形影不離。而B男跟C女是好朋友，應該說是好閨蜜。但有一天A男喜歡上了C女，A男就跟B男講好，要求他幫自己一把，同時希望他跟C女保持距離，B男答應了。

幾個月後，事情的走向變得很奇怪。A男跟C女的關係進展得很快，幾乎就是情侶了，但一直沒有進到下一步關係。而B男跟C女也還是好朋友，甚至一次還在週末一起去台中玩，很常看到他們兩個社群軟體的限時動態，都是一起出去玩的照片。A男就覺得很不解，明明跟B男講好了為什麼出爾反爾，而且不是一次兩次的事。B男解釋因為C女一直找他出去玩，他也沒辦法。種種原因導致A男跟B男鬧得很僵。

而A男跟C女相處兩個月後，向她告白了。C女卻說她覺得時間還不夠久，想要跟A男繼續相處。不管是A男、B男或是C女都是我們這群的，總結來說A男和B男為了一個女人吵架，在我們看來就是C女一直吊著A男不放。且不只是B男，她和很多男生都走得很近。這也導致我們每次出去玩氣氛都很僵，大家都知道，只是不說破而已。請問我該怎麼勸A男下船，並且修復他跟B男的關係呢？又該怎麼勸C女，如果不想交往的話要如何保持好跟大家的距離？

案例二：暗戀不敢明追

D女跟E女是國中就認識的好閨蜜，D女國中時一直暗戀同校F男，然而D女覺得F男不可能會喜歡自己，所以兩人的關係一直停留在回限時動態、偶爾聊天的程度。D女是個不喜歡和別人分享感情問題的人，身邊的朋友包括E女都不知道D女喜歡F男。就這樣持續到了大學，D女發現E女跟F男考上了同地區的大學，而E女那時正好因為情傷心情低落，於是身邊的朋友就介紹了F男給E女，兩人一見如故，發展得非常快。遠在他縣市的D女知道時，兩人已經快要在一起了。

現在E女的限時動態裡都是跟F男出去的照片，跟D女聊天對話也都圍繞著F男。D女每每看到他們的互動心裡都很難受，但表面上還是強顏歡笑應付E女的分享。按照E女的習慣，很有可能會帶著F男跟D女吃飯，但D女很怕會控制不住情緒，可是也找不到合適的理由拒絕見面。如果E女真的約他們一起吃飯，D女該去嗎？可是萬一D女沒控制好情緒，把場面弄得很尷尬怎麼辦？身為D女的閨蜜好友，我該如何幫她調適心情呢？

問題原來是這樣！

按理說，兄弟或朋友間應該要講道義，但碰到感情的事就很難說了。雖然A男有話在先，說明自己要追C女，請好友幫忙，但B男與C女的閨蜜情感深厚，抵擋不了C女的要求（也許他已習慣與C女的互動，或他對C女也有好感），並沒有理性判斷、嚴詞拒絕，兩人單獨去台中玩，還有很多的外出互動。對於A男的不解與不快，他無法面對自己跟A男，將責任都推給C女，的確是不夠朋友。

A男就是太在乎C女了，明明已經有出雙入對的經驗，卻患得患失，已經到了必須表白的時候，終於向C女告白，本來也是來往頻繁的朋友，C女似乎願意再觀察再考慮。不過根據這位提出詢問者的觀察，C女和很多男生都走得很近，似乎很享受男生們的陪伴與追求，他看得出A男只是C女的「好友」之一，希望並不大，所以很想勸他不要再執迷不悟了。跟B男的情誼遠比對C女的感情值得重視與珍惜，不要再花時間去追求C女了。

感情順暢與否當然也跟個性有關。〈案例二〉中的D女生性害羞，自信心不足，不太敢開口說自己的事情，尤其暗戀男生，當然羞於啟齒，卻從國中一直偷偷觀察F男的動向到大學，維持最起碼的聊天互動，不敢憑著國中同學的情誼做出任何表示，這些情愫連E女都不知情，何況F男呢。

因此F男和E女的交往是在對的時機自然發展的，不知者不罪，E女本著與閨蜜D女的交情，當然會跟她分享自己的戀情，還希望有機會讓她見見自己的男友，而D女就是再內斂，默默忍受好友與自己夢中白馬王子的親近互動，還要強顏歡笑，裝沒事，必定苦酒滿杯，也有想要向人宣洩的時候，於是這位來向老師詢問的好友才獲知D女多年來的心事，很想順她的心意繼續陪她做夢，又很想拉她一把回到現實，看清自己的所想所做。

〈案例一〉看似三角關係，其實兩男都不是主角，主要是受C女的交友風格影響，只是繼續發展下去，有可能兩男俱傷，B女可能離兩人而去，朋友情誼也因此沒了。最難過的當然是A男，失望於好友B男，又被C女拒絕。這位想幫助身邊三位朋友的好朋友是很難介入的，他只能盡同學／朋友之誼，理性的提醒A男，多回想多觀察C女這個人是否適合自己？自己為什麼喜歡她？是因為她的外貌、個性，或是其他？看一個人要看整體，看她平日來往的對象，也要看她跟別人互動的情形，不是自己投入感情對方就一定會給回應。至少旁觀者清，C女並不是一個很好的交往對象，可以給A男一個考慮方向。

同時也讓A男知道，B男不是不在乎他，而是他也不會處理自己和B女的互動，並不是存心要搶B女。要不要這個朋友，當然由A男自己決定，當然也可以給雙方一個機會，進行誠懇的溝通，說出心裡話，兩個人再試試看。

〈案例二〉的情況對D女來說是個三角關係，對F男跟E女來說卻是兩情相悅的雙人關係，因此D女的確需要幫助，來幫忙詢問老師的好友，可以就現實生活中的情況，也就是D女的一廂情願暗戀之夢，以及F男、E女目前的男女關係加以清楚說明，兩者其實是不相關的。

E女真的對閨蜜很好，急著跟她分享自己的快樂，D女應該為她高興，既然是好朋友，應該為她高興有交往的好對象，但在自己心理沒有準備好之前，也就是說還未能以平常心來看待閨蜜與F男的感情關係之前，不應該加入他們的活動，如吃飯出遊等等。不妨給一些合適的理由，例如不想做他們的電燈泡或忙著趕報告，來婉拒並祝他們愉快。

除了暗戀情傷一事，D女還有一些其他的人生議題需要處理。身為好友，應該勸她趁此時機去學校的健康與諮商中心做心理諮商，好好的認識自己，重整自己，增加自信心，也可以討論性愛感情婚姻觀，讓自己懂得更多，變得強大，也愛自己更多。

愛的叮嚀

有孩子在讀大學的父母們，如果想探知孩子的感情狀況，不妨從他們身邊的同學好友旁敲側擊，不著痕跡的了解一下，或者在家裡跟孩子相處時，問問他們在大學校園生活的各個面向，包括同學們的感情關係。

在一般的聊天中，孩子們多少會透露一些，父母要跟上時代，接收新的訊息，接近年輕人的心思，不要給評斷，可以客觀地做一些分析及預警。最重要的就是讓他們知道父母也都年輕過，縱使是時代不同，親密關係的需求與感情問題的處理也都同在人心，父母永遠可以給予最大的支持與陪伴。

16 潛在的危險情人

常聽到「危險情人」、「恐怖情人」的名詞，但總覺得離我們很遠，以為只有在電影或劇中才看得到，其實現實生活中有各種程度的危險情人存在於戀情中。人的個性，除了基因外，家庭教育、成長歷程及成長時與外在環境的互動，形成每個人獨特的人格。每位心理學家都會談到人的個性，也有「性格心理學」這門課程。

年輕人開始談戀愛缺乏閱人經驗，都是從自己的愛情觀去交朋友，尤其女性也享受被追求的感覺，一開始的好感當然重要，然後彼此的頻繁互動就會逐漸產生感情，而進入親密關係，也是因為親密關係讓兩人的距離拉近了，才逐漸看到彼此的真面目。這時感情已經投入很深，化解小摩擦的方法已養成，但對於大衝突或差異卻懷有忍耐之心，明知已碰到潛在性或真實存在的危險情人，也是一邊談戀愛，一邊忍受與觀察。以下兩個案例就實際存在於大學生的戀情之中。

案例一：不平等關係讓我想要分手

與玲玲交往一年多，彼此都是學生，每天都會做晚餐送到學校給她，久而久之，玲玲就有了每天在學校等晚餐的習慣，但有一天我生病沒辦法送晚餐給她，她不但沒關心我的身體狀況，還罵我為什麼沒給她送晚餐，我想她是肚子餓心情不好，只好道歉。而她每天洗完澡都要我提醒她過了十分鐘要吹頭髮，只要我沒準時提醒她就開罵，道歉了事的也是我。想要的東西都要我買給她，不管價格有多貴，如果我說太貴了不願意買，她就會生氣。

跟玲玲溝通了好幾次，自己沒辦法無時無刻滿足她的需求，而我也覺得在這段感情中只有我一直在付出，感受不到她的對等回應，雖然她每次都說會改。長期累積下來的不平等關係讓我決定分手，可是玲玲卻開始情緒勒索，說我曾承諾會跟她結婚，分手的話她就去跳樓。原本以為可以擺脫這段關係的，現在卻被她用這樣的方式拒絕，我很害怕玲玲真會去做傻事，但又不想一直維持這段不健康的關係，該怎麼處理我們的問題呢？

案例二：男友窒息式的愛讓人驚恐

大學時認識幼祥，感情迅速升溫，成為眾人眼中的「完美情侶」。一開始他對我充滿體貼和關心，總是有浪漫的驚喜，我覺得遇到了真命天子。然而，隨著關係深入，幼祥逐漸表現出強烈的佔有慾。

某次我和大學同學出去吃飯，幼祥表面上同意，卻在聚會結束後用陰陽怪氣的語氣質問：「妳跟他們在一起是不是特別開心？我看你笑得很燦爛嘛。」我解釋了很久，他卻越來越多疑，開始指責我忽略他的感受，並說我只對別人好，不在乎他。這讓我陷入深深的自責，甚至開始質疑自己是否在無意中傷害了男友。

幼祥開始以「關心」為名控制我的行動和社交。他經常檢查我的社交軟件，甚至要求分享每條訊息和每通電話的內容。我覺得不安，但又無法擺脫他的這種情感綁架，每當我提出反對意見，他就會扮演受害者，說「我這樣做是因為太愛你，難道你看不出來嗎？」

隨著時間推移，我越來越感到生活被男友操控，使朋友漸漸疏遠。想要逃離這種壓抑的生活，卻又被他一次次「愛你才這麼做」給困住。直到有一天，我終於發現他不僅控制我的生活，還開始干涉我的工作和學業。每次我想表達不同的想法都會被他打斷，說：「妳太幼稚了，我是在幫妳，妳不懂這些事的複雜性。」這種不平衡的關係讓我越來越焦慮，甚至開始失眠，時常情緒崩潰。而他卻始終將自己塑造成「為我好」的形象，每當我提出質疑，他總能讓我覺得自己才是錯的。我該怎麼擺脫這種處境？

問題原來是這樣！

〈案例一〉中的明輝真是愛情孝子，對女友呵護得無微不至。雙方都是學生，各有學業，也要各管三餐，明輝還特地在住處做晚餐送去給女友享用，玲玲應該感激他花時間買菜做飯送過來的心意，並告知他多把時間放在準備功課及運動上，而不是理所當然的享受。此外，她沒有關心男友晚送餐是因為生病反而責罵他，還開口要男友買東西送她，不論價格，沒買就生氣。

互動中，有事都是明輝道歉了事，這樣一面倒的感情的確是不對等，明輝沒有感受到溫情與關心，經過多次溝通也不見改善，對這段關係失望，急欲求去。玲玲從小可能是被寵壞的女兒，家人朋友都順著她，以至慣於予取予求，也從來沒人教她正確的性愛感情婚姻觀，所以認為「只要跟我在一起，你就得聽我的」，凡事都要佔上風。把男友當工具人，不會傳達自己的愛意。

予取予求的人佔有慾必強，事情不順心，男友不順從，不分青紅皂白發脾氣，都是危險情人的特質，在兩人關係中早就顯現了，但因為明輝無窮的愛，通常都息事寧人安然度過。等到明輝表達去意，玲玲當然不能忍受擁有而後失去，危險情人最明顯的特質，情緒操控立刻浮現，責怪男友不信守要跟她結婚的承諾，並以跳樓做威脅，將明輝困在關係中，這份關係其實已經變質了。

另外，依美國一位家庭與婚姻治療師、心理學博士黛博拉・維納爾（Deborah Vinall）的評量標準，〈案例二〉的安安目前正處於一種有毒的感情關係中，也就是說幼祥已經是一個危險情人了。

剛開始的體貼關心就是要先征服女友的心，然後開始展現他的佔有慾。在女友平日的各種行動及社交關係中，從介意到限制，逐漸疏離她與同學朋友，而女友很少跟家人談到自己的戀情，所以家人完全不知情。只要女友提出反對意見或表達想法，他就自以為是的輕蔑她，說她幼稚不懂事，把所有的錯都歸在她身上，繼之以愛為名，來干涉女友的學業與工作，他所做的一切全都符合危險情人的特質。

女友雖感覺到幼祥濃濃的愛，但是情濃到綁手綁腳、無法呼吸，她深深感覺到情緒及行動都被操控，忍受已經積到頂點，自己開始內耗，焦慮、失眠、情緒崩潰，明知幼祥不是一個好對象，但不知道問題的嚴重性，如果提出分手，幼祥會放她走嗎？

蕙瑛博士的建議

情緒勒索有三大招：恐懼感、義務感和罪惡感，明輝就是中了這三招，人一害怕就亂了陣腳，無法清楚地思考，只好小心翼翼地伺候玲玲，但已經不像以前那樣的無私奉獻了。不過從玲玲的個性來看，她還不算是真正的危險情人，只是被寵壞了，想要的東西非要到不可，不太可能真的去尋死，只會出言威脅。

明輝現在是她身邊最親近的人，即使溝通無效，多次忽視男友的需求，明輝還是可以在她身上下功夫，先暫時不提分手，但無懼於她的威脅，反而要強烈的要求玲玲正視關係的重要性，平等對待。

男友不快樂，她應該可以感受到，她的生氣只能獲得明輝更多的不快樂，也就是說以堅定的態度，耐心的說明，慢慢地訓練，兩人要相處融洽，才有走向將來的可能性。男生不要太順從，也不要太反抗，讓玲玲逐漸適應新的互動模式。同時要讓玲玲的家人及她的同學朋友們知道兩人交往的情形，希望能規勸玲玲不要太任性。如果明輝可以明白這個道理，但覺得自己無法駕馭女友，那就一定要去尋求個人諮商，在諮商師的陪伴下，從諮商歷程中產生自己的力量，才能去面對並處理自己的問題。

〈案例二〉中的安安處於被操控的關係中有一段時間了，從享受變成忍受，身心都受到精神暴力的影響。雖然說男友還是大學生，但已經具有危險情人的各種特質，只有離開他才能擺脫這個處境。

安安得先認識及執行「愛情反恐CSI守則」，這是台北市家庭暴力暨性侵害防治中心與公務人員訓練處於二〇一九年推出的安全戀愛攻略之一，指出遭遇恐怖情人時首先要「商談」（Consult），讓身邊親友及專業人員了解情況，也就是要不諱言，讓他們知道自己的戀情及發展狀況，並尋求商談與協助；接著是安全至上（Safety），保持冷靜、制定人身安全計劃、注意危險訊號；最後「實行」（Implement），冷靜溝通、要求對方履行需要改善的行動、觀察對方有無改變。

安安同樣也中了危險情人情緒勒索／操控的三大招，即使讀了愛情反恐CSI守則，也是遲疑難以行動，因此當務之急就是去尋求個人諮商，重新審視男友所謂「很愛你」、「都是為你好」的操縱藉口，恢復自信心，產生自我能量，找回自主力。

愛的叮嚀

與危險情人分手很不容易，既然碰上了就得小心行事，必須要有特殊技巧，千萬不能硬碰硬，以免火上加油，激怒對方，引發身心傷害。網路上有許多國內外心理師寫的文章，都是很好的參考與建議，但因為每個人的戀情，個人心理及背後形成的原因或解決之道不同，最好依個別情況向專業心理師尋求個人化的幫助，會比較切合實際需求。

17 好的開始並非成功的一半

「好的開始是成功的一半」本來是很有道理的，因為已經開始行動了，繼續下去應該會成功的，但這句話卻不能完全應用在感情關係的發展上。

兩個人剛開始交往雖說三觀相同，靈魂契合，個性互補／相似，非常談得來，或者一見鍾情互有好感，就認為彼此愛上對方，成為男女朋友或情侶。慢慢地就會發現對方不如自己想像，或者兩人之間發生很多原本沒意料到的事，吵架也好溝通也罷，越來越有無力感，既想抓住這份感情，又開始質疑是否錯愛，不是內耗就是外鬧，正向感情逐漸轉成負面。

案例一：坐等女方給答案，真的很痛苦

朋友介紹美蘭給我認識，發現我倆共同的興趣是追星，曖昧兩個月後正式交往。交往一個月後美蘭的態度突然變冷淡，她稱追星的快樂足夠滿足心靈，開始

思考自己目前需不需要有一個伴，無法在相處之間找到平衡，有時甚至把追星看得比跟我交往還重要，覺得很心煩，怕這樣做會太絕情會讓我傷心，經常跟我說她很忙，找藉口不跟我見面，卻總是被我揭穿，難道我不比她的偶像重要嗎？

儘管我表面上裝沒事，心裡卻很害怕美蘭提分手，因為同一時間我碰巧遇到家人感情糾紛、父母離異的問題，正為此苦惱；同時間與美蘭的感情又有問題，身心俱疲面臨崩潰邊緣，且不到幾個月就要去當兵，可謂情況慘重。

美蘭的態度及種種表現令我很沒有安全感，此時的我正需要一個能依靠的人，而她卻要回老家待一個月，想要一個人靜一靜，我剛畢業在打零工還沒當兵，瞬間生活彷彿失去了重心，每天很痛苦，只能坐等女方的答案。我相信兩人其實都還很喜歡對方，只是不知道該如何改變此刻的處境？

案例二：性格相左，感情會幸福嗎？

好閨蜜在交友軟體上認識威和，聊了幾天就約出來見面，剛見面時她就把威和介紹給我，要我幫她觀察此君。剛開始她很開心和我分享男友的事，我覺得威和比閨蜜以往交往的男生棒多了，無不良嗜好，不抽菸也不喝酒，還很有抱負。

他很喜歡服飾業，目前正在服飾業工作並存錢，未來打算開一家服飾店。他是個生活習慣很固定的人，上班前都會去慢跑，再去健身房健身，然後回家洗澡、整理儀容去上班。而好閨蜜卻是跟他完全相反的人，還沒遇到威和之前，她喜歡跟朋友出遊或聚餐喝酒，之前同公司時我們常下班就去附近酒吧喝，加上她外表亮麗，上大學時就很受歡迎，所以人際圈一向廣泛，社交活動甚多。

雙方成為戀人後，約定好規範，閨蜜也就淡出社交圈許多，為了另一半，身邊朋友都支持和諒解她外出需要報備和臨時取消行程的問題，但自從男友前陣子去當兵，閨蜜報備過後一次的失信，就一直被他當作吵架的藉口，還開始被冷暴力對待，請問她該如何進行溝通？或者有什麼辦法可以處理這種狀況？（他們約定好等女方一畢業就登記結婚，因為雙方家長都很滿意對方，但身為閨蜜的我跟她的媽媽都覺得女方會很辛苦。）

問題原來是這樣！

男女因為追星的共同興趣很有話聊，難得碰到追同一個偶像的粉絲，兩人的注意力都在偶像身上，有任何訊息立刻互相交換，好像很熱絡，感覺也曖昧，正好兩人都想談戀愛，所以展開正式交往。才交往一個月，美蘭可能覺得俊傑比較適合做追星伴侶而非生活男伴，開始想要劃清界線保持距離，但又不好意思說得太明白，就先拖著，頻找藉口不見面，卻被所謂的「男友」洞悉。

俊傑當然很受傷，此時的他因父母鬧離異，很想找人抒發心情，希望能有心靈依靠，又面臨即將入伍，突然感到世界末日。明知美蘭是在逃避互動，淡化感情關係，卻不肯面對，一廂情願地抱著希望，苦苦等待女方的答案，其實俊傑真的找錯人了，他怎麼可能依賴一個交往一個月的追星同好為感情寄託、精神支柱，美蘭原本也不想扮演這個角色，她可能也感受到來自俊傑的壓力，所以想要逃開，而俊傑因為太專注在自己的痛苦，以至於看不清事實。

從〈案例二〉中閨蜜和男友的互動來看，剛開始真的是彼此好奇有好感，乃互相傾心，成為男女朋友。再加上好友觀察之後在旁邊鼓吹，認定是個理想的男生。閨蜜乃為了這個生活規律有抱負的男生改變自己的習慣，也減少社交，以便相伴走長路。

但男友去當兵就不能經常見面，閨蜜感到空虛不耐寂寞，乃違反兩人的約定，儘管只有一次，男友當然不高興，不但沒有安全感，又覺得不太能信任，因此兩人話一不投機，他的不安全感就發作，自己生悶氣不理女友，對方卻視為冷暴力，氣氛一不對，感覺就不像從前那麼親近，此時關係就產生危機了。而好朋友當然是站在閨蜜這一邊，總覺得她值得體諒，想要幫助她恢復感情的生機。

蕙瑛博士的建議

俊傑和美蘭都沒有戀愛經驗，因為追星而聚在一起，兩個月的曖昧其實是被興趣相投所蒙蔽，因此交往一個月女方就想撤，不敢面對因了解而分手，只能找藉口逐漸疏遠。旁觀者清當局者迷，俊傑還陷在感情的漩渦中，相信美蘭的每一句話，接納她態度的轉變，加上他本來的議題——家庭問題，父母不和一定是長久以來就存在的，他自己得想通或調整心態，而不是藉愛情來撫慰受傷的心。加上正好要去服役，感覺束手無策。

這真是考驗個人心理韌度的時候，服役期間不方便跟外界聯繫或見面，正好可以安靜的回顧自己短暫的人生，從小到大的家庭關係及自己的性愛感情婚姻觀，目前個人是受到哪些影響。可以向身邊的好同學好朋友抒發心情，也可以在線上尋求諮商，要先有自己幫助自己的心，才容易得到外界的資源，也就是自助他助也。自己要先站穩了，才有能力去面對岌岌可危的感情關係和父母離異的問題。

〈案例二〉提問的好朋友原本是站在客觀立場，幫閨蜜觀察男友，通過考察後鼓勵閨蜜與之交往，而男女雙方也兩情相悅，專注於對方，甜蜜相處。只是沒多久兩人就兩地分離，威和每天過規律生活，自然期盼女友會多關心，而女友卻不耐寂寞老想出去玩。感情關係第一次碰到考驗就無法通過，威和心生不悅，兩人吵得越多，女友的心就越想往外跑，基本上這兩個人是不合適的。女方還在就學，且兩人認識沒多久就談到畢業後要登記結婚，是不是想得太多，說得草率？

當閨蜜和男友的感情有了問題，好朋友當然是站在閨蜜這一邊，看事情就不夠客觀，想要引導她去挽救及恢復關係。並不是說兩個人已經好上了，且已口頭談到婚嫁就不能破壞這段關係。不妨坦承告訴她，兩人的個性不同，人生觀也不相似，如果相處不愉快就不要在一起。閨蜜還年輕，個性外向愛玩，應該多過幾年單身生活，多交些朋友，不要太早定下來，讓自己變得更成熟更睿智，才會知道自己真正要找的對象是什麼樣的人。

愛的叮嚀

感情關係有好的開始，不見得就是愛情關係的穩固基礎，但總要有好的開始才能往前走，慢慢發現彼此的合適性與相容性，沒有兩個人是百分之百相合的，但經過摩擦與磨合，卻能找出相處之道。

當發現兩人的個性差異太大，作息大不同，或者人生目標不同及個人議題太多，再相處下去兩個人都不快樂，可就是因為捨不得，或者一方仍然看不清，才會有這麼多困擾產生，這時，尋求心理諮商／婚姻治療永遠是理想的協助管道。

18 該不該從好朋友進入情侶關係？

人際關係的發展，不論男男／女女／男女，均始於陌生到熟悉，由知道此人到成為普通朋友，再發展成好朋友／閨蜜，有些人會從這裡分岔成幾條路，繼續維繫友誼、由於一些原因而不再來往，或者發展成親密伴侶。面臨岔路的朋友，會煩心、混淆、遲疑，甚至難過、難捨。戀愛是人人憧憬的關係，小心翼翼多思考，總比飛蛾撲火一頭栽下去來得穩定安全些，但有時候想太多，心理障礙重重，也會走成崎嶇路。

案例一：文英的守與進

認識正修三年了，我們三觀相同、靈魂契合、性格也互補，在外人眼裡是再適合不過的一對。他在兩年前就向我告白，只是因為之前被斷崖式分手，讓我不再相信愛情，並對任何關係都很沒安全感。一直覺得自己還沒準備好，遲遲沒有答應他。可是正修並沒有因此退縮，他承諾會用行動證明，並且給我安全感，我倆就維持了「朋友以上，戀人未達」的關係長達兩年。

隨著相處的時間拉長，兩人越來越瞭解彼此。我開始感受到正修的真心，漸漸依賴上他，成為生活中不可缺少的人。其實我一直搞不清楚這到底是習慣還是愛，如果只是習慣，那偶爾的心動該如何說明？如果是愛，為什麼這期間我仍然會對其他男生動心？

我曾自私的想過，覺得現在更習慣於維繫好這段關係，正修的存在確實帶給我溫暖，我對他也同樣，互相付出，誰也不欠誰，可是又害怕正修身邊會出現更好的人。我到底該不該打破這層關係，猶豫過也掙扎過，自私的想留住他，但又還沒準備好進入情侶關係。我是該抓著不確定是習慣還是愛的幸福呢？還是繼續和正修保持朋友關係？

案例二：怡君的錯愕與糾結

天復是我從大一就認識且非常要好的男性朋友，同系不同班，但常在學校遇到，因大一住校，室友跟他同班，也是同一群交友圈，常常一起上下課，我就是因為室友而認識他。因緣際會下，跟天復常在網路上聊天互動，雖然很少約出去見面，但從大一到現在，四年一直有聯絡，我對他完全沒有比朋友更進一步的想法，抱持著跟朋友聊天的心態聯絡。前陣子在聊天過程中，內容跟方式出現了一些變化，天復開始頻繁地關心我，像是上個月我確診新冠，他頻繁關心我的身體狀況，甚至說等我身體好了帶我出去玩，跟以前的態度完全不一樣，我覺得很奇怪，怎麼跟以前差那麼多。

這個月初，天復終於向我告白，我很錯愕，因為沒交過男友，不懂什麼是喜歡一個人的感覺，因為有跟他出去吃飯過，也不算是完全沒有好感，相處起來是舒服的，但卻沒有怦然心動的感覺，所以我不確定自己對天復有沒有進一步的感覺，到現在還沒答應他的告白，真不知道要不要給自己也給對方一個機會？

問題原來是這樣！

〈案例一〉中的男女本來就是很談得來的朋友，正修早就喜歡文英。兩年前的告白文英雖然沒答應，但也沒拒絕，且繼續和正修來往，給了他很大的希望，反正她又沒有別人，遲早會答應的。文英自己被分手的傷痕未癒，在沒有準備好的狀況下，當然不肯輕易展開下一段戀情，就這樣將正修釣在身邊，一邊享受「朋友以上，戀人未達」的關係，一邊還在觀察與思考。

雙方交往久了，互動自然會形成固定模式，話談得越深入感覺當然更親近，有想念也會互相傾訴，感情逐漸加溫。但因為文英仍有防備之心，沒有全心全意投入感情，卻還憧憬著愛是熱情的激蕩的，偶爾也會去注意看起來順眼的男生，不敢認為兩人的互動是情愫，比較認同自己是習慣於彼此的良好互動。

文英一再理智化兩人的關係，說是互相付出，誰也不欠誰，然後又擔心有一天正修會遇到比她更適合的人，如此的防禦與擔心，她就很難再往前邁一步，這都是文英個人的內心議題，如果不趕快處理，不僅對正修不公平，也無法證明彼此的關係，可能連眼前深厚的情誼都會消失。

〈案例二〉中的怡君，因為有共同朋友，常常和天復玩在一起，也會在網路上私聊，從大一到大四都是同學好友情誼。怡君比較單純，沒想過要談戀愛，但是到了大四，天復可能覺得自己應該有個女朋友了，而怡君是個很好的對象，自己心理起了變化，剛開始不好意思說出心意，就從一些小的行動表達。正好碰上怡君生病了，他頻繁地噓寒問暖，怡君腦袋一根筋，一邊享受，一邊詫異天復和以前不一樣了。等到天復鼓起勇氣告白，她才了解這是追求，但覺得自己對他沒有怦然心動的感覺，不敢立刻答應，卻又不想傷害他，也想考慮給雙方一個機會試試看，內心有糾結。

蕙瑛博士的建議

這兩個案例的主角都是涉世未深的大學女生，身邊有感情好的男性朋友，時間一久，男生由友誼之心轉成愛情之意，女生卻覺得享受目前好朋友關係很舒服很安全，沒有把握是否要接納對方，進入男女朋友的關係。

〈案例一〉的文英，越來越享受和正修之間的互動，有點分不清楚是習慣還是愛。由於受過傷，不敢貿然投入而卻步不前，文英在做任何決定前最好去找諮商心理師談談從前戀情的議題。前任男友離她而去是一回事，正修對她的感情是另一回事。她的防禦之心如果沒有撤除，不論和誰交往都會擔心。至於正修會不會愛上其他女孩，當然也要看兩人的感情關係如何發展。心理諮商主要是要幫助文英確立正確的性愛感情觀，並建立她的自信心及安全感，才能在日後的感情關係中產生信任感。

三年來，正修對文英始終如一，其實已經通過考驗了，文英可以在諮商心理師的引導下，回顧兩人「朋友以上，戀人未達」的心中感覺，檢驗兩人是否有男女情愫，兩人身體靠近或牽手時是否有特別感覺，說出自己的所有感覺，諮商師可以給回應，讓文英自己去做判斷。

〈案例二〉中天復的體貼行為，親近照顧，及隨後的告白，攪亂了怡君的心情，面對的是天復的情愫，也讓她思考是否要開始談戀愛。只是對於告白的回應，並非只有好或不好，要或不要，就目前的狀況，可以坦白說需要一段時間來思考，這是事實而不是拖延戰術，天復應該可以理解。就算答應了告白，願意成為男女朋友，也是嘗試一對一認真交往，並不是應允告白後兩人立刻肌膚相親進入親密行為。從答應告白到進入親密行為，其實也算是另一種曖昧階段。

最重要的是怡君要問自己有沒有這種感覺，不一定是天雷勾動地火或熱切渴望之情，兩人是否欣賞彼此的優點，有談不完的話，能互相關心，享受並珍惜相處的時間。沒談過戀愛且當局者迷，如果自己還是分不清楚，可以去找諮商心理師，認清自己的感覺及需求，也可以找天復一起去做諮商，讓雙方有更多的了解，更能看清楚彼此的合適性，才不會走到後來兩個人都失望。

愛的叮嚀

愛情有很多迷思，無論有無談過戀愛，經常都會陷入這些迷思。這兩個案例中就出現了幾個明顯的迷思，身在迷宮中的兩位女生就因為如此而拿不定主意。

1. 為了不想傷對方的心，我必須接受告白。
2. 對方告白後要趕快答應，免得他／她身邊出現其他人，會離開我。
3. 告白是朋友與戀人分野的儀式，答應告白後就得進入親密關係才算男女朋友。
4. 愛上一個人一定要激情澎湃，天雷勾動地火，我就是在等待這樣的愛情。

正確的性愛感情婚姻觀是每個人都必須學習的性教育與情感教育，只有去除以上這些迷思，才能清醒地去思考感情的合適性。

19 性愛合一或性愛分離

一般都認為伴侶有了親密行為就是進入性愛關係，這樣的說法並沒有錯，摟肩攬腰、接吻擁抱、撫摸磨擦及性交，如果沒有一定的感情基礎，通常不會想去觸摸對方，更不會要讓對方來碰觸自己，當然也有愛得很深的，他們的親密行為的確是有愛有性。中文口語通常把「性愛」當成一件事，其實伴侶之間有愛不一定要有性，有性也不見得有真愛，性愛本來就是兩個字，分別是「性」（sex）與愛（love）。例如，「他整天就想著性愛」或「我對性愛這回事真的沒興趣」，這裡的「性愛」指的是性交，英文就是一個字「sex」。

性（sex）一字含義甚廣，狹義是指男或女或第三性的性別，廣義是指生理上心理上與性有關的認知、情緒與行為，學術上通常用sexuality這個字來呈現。因此性教育「sex education」可以說是「sexuality education」，性諮商「sex counseling」也可以稱為「sexuality counseling」，通常都會討論到愛與性的本質與差別。

案例一：男友言而無信，該分手嗎？

和A男交往半年，因工作關係我們是台北台中遠距離戀愛，每天會打電話和視訊，訴說心事並分享生活，每月相聚一個週末，甜甜蜜蜜。然而在我們交往一個月時，我偶然發現A男使用社群軟體私訊身材曼妙的女性，我當下直接質問並和他攤牌，他說沒有做出對不起我的事，並下跪道歉且保證不會再發生，希望我能原諒他，後來我決定原諒他，達成協議不再追究及提起。

雖然經歷了這次事件，我們的關係很快又恢復到以前的甜蜜，和對方家長也相處得很好，之後我們也同居了。但好景不常，我常因為沒有安全感及自卑心作祟會去偷看男友的手機，某次意外發現他竟然還有下載交友軟體的記錄，但男友卻說他只是想解決生理需求才下載，並沒有真的和其他女生聊天或做逾矩的事，請問我該再次相信他的片面之詞嗎？還是應該分手？

案例二：女生只想溫存不願意交往

我們是在夜店認識的，一見鍾情，當晚藉著酒精的作用有了親密行為，並互相加了聯絡方式。此後我對B女的感情也不再只限於當天的激情，頻繁的聊天使我更確認了自己的心意。經過幾個禮拜的聯絡，我成功邀約B女出來，並準備了許多話題，想著當天可以再更深入地交流，但吃完飯後B女提出想去酒吧喝酒，原本以為這是一個良好的談心時間，結果B女只是一直喝酒，還主動親吻了我，並提出想重溫那日的溫存，我當然答應了。

我想著B女如此主動，離交往這一步應該不遠了，但經過一段時間的相處，我發現每次約B女她都會答應，且都會發生性行為，但每當想要更深入接觸時，她總會草草結束話題，好像不想要讓兩人的關係更升溫。有一天我實在忍不住便開口詢問她的想法，她只是輕描淡寫地回覆「一直以來我都沒有把你當作另一伴去培養」。我很疑惑兩人都有親密行為了，對方卻不願意發展下去。請問該如何打破僵局，使兩人可以繼續發展，而不是僅限於親密行為？

案例三：女友想找炮友滿足性慾

和王女交往已半年，她在貿易公司上班，算是在熱戀期，平常相處很融洽也很甜蜜，唯獨性事這方面不合，王女一夜要求好幾次，而我因研究所課業繁忙，每週還在廣告公司兼差三天，不希望見面時只有做愛，也因為精力問題，一夜多次實屬困難，於是她直白地向我提出找炮友解決慾求不滿的問題。

王女認為肉體出軌與心靈出軌不同，肉體出軌不算出軌，只是為了滿足生理需求，她心裡還是非常愛我的，我才是她每天心中惦念的愛侶。而我則認為性與愛不可分離，我是因為愛她才想和她做愛，不管肉體或心靈出軌對我來說都是出軌，因為這個問題我倆常常吵架，我內心異常掙扎，最後我妥協了，因為我真的很愛她，不希望因此事而分手。然而一想到女友與其他男人做愛，心裡就很難受，經常難以入眠，請問該怎麼辦？

問題原來是這樣！

〈案例一〉的男女主角遠距戀情聚少離多，彼此都珍惜每月一次的週末相聚，感情甜蜜。然而女主角在同居前後兩次發現男友下載交友軟體，私訊身材曼妙的女性，自然是越來越沒有安全感。

第一次被發現後，男友居然下跪道歉，並保證不再發生，也獲得女主角的接受與原諒。第二次男友解釋是因解決生理需要才下載軟體，但只是純欣賞。這個說辭是有點牽強，因為他們已經同居了，也有了親密行為。除非兩人的親密行為在頻率與質量方面無法讓男友獲得滿足，才比較有可能向外尋求慰藉。

當然也有可能男友本來就習慣上網社交，聊天軟體是他談情說愛的園地，同居生活則是他實質做愛享受性的愛巢，只是女主角一直被蒙在鼓裡。現在她視男友為出軌，且好像不只跟她一個人有性行為，雖然同居生活甜蜜，雙方家長也都認同，她已經擔心害怕到不敢面對，只想退縮與逃避了。

夜店是個可以交朋友的地方，但很多人都覺得夜店是不良場所。然而，要在夜店交什麼樣的朋友，發生什麼樣的事，其實事在人為，夜店本身是無辜的。有些人去夜店本來就抱著放鬆的心情，再藉酒精的催化產生放縱行為，〈案例二〉的男主角就是因為這樣與邂逅的女生一拍即合，當晚兩人就翻雲覆雨，還加了聯絡方式。之後的每次約會，B女對性的興趣遠高於談心說愛，總是草草結束話題，盡情享受性愛。

對於男主角的面質，B女說了真話，從未想把對方當成伴侶，意思就是彼此是相處愉快的炮友。而他的觀念則是，有了親密行為就表示互相愛著對方，當然要繼續發展下去，男主角以為性包含愛，認為有性則會愛得更多，是性愛合一的觀念，沒自覺B女只是把他當炮友。

熱戀期中的伴侶，除了兩人互相吸引，肌膚之親的激盪也難以自拔，〈案例三〉的案主固然享受愛情的甜蜜與床事纏綣，辛苦工作與努力讀書之餘，很想和王女有日常生活的正常交往，沒料到王女性慾甚強需索無度，因無法滿足女友的慾求，讓他煩惱不已。

女友誠實地提出尋求炮友解決慾求不滿的問題，是男主角始料未及的。他認為不論是肉體或心靈出軌都是出軌，而女友卻持不同看法，強調心裡裝滿著案主，找炮友只是滿足生理需求，兩人因此陷入床頭吵床尾和的局面。愛到深處無怨尤，妥協的總是男方，表面上是擁有女友的身心，腦子裡卻有女友和別人做愛的畫面，內心衝突甚鉅，心理影響生理，經常失眠，愛到深處的怨尤呈現於身心。

蕙瑛博士的建議

〈案例一〉的女主角與男友平日相處得不錯，與雙方家人亦和諧熟悉，未來可能有結婚的打算，其實兩人之間有性問題存在，案主不自知，男友也未說出自己的不滿足，而是採取對他來說比較容易的方式，不是對著網路上的女性圖片或真人影像自慰，就是與網路外的女性實做。無論怎樣，向外尋求性的解決對女友來說就是一種不忠與傷害，已經產生去與留的抉擇念頭了。

問題的根本在於他們的性生活不協調，可能是女主角不懂配合，或是男友前戲太短太草率？還是彼此的性表達太差？兩個人都不知道床笫問題其實是可以改善的。首先兩個人要學習性溝通，就是先了解彼此的性觀念，表達自己對於每次做愛的感受與期待，用心用情去探索彼此的身體，且不吝於表達情話等。

對於從不談性或很少談性的伴侶，性溝通起初會有點尷尬，不知如何開始，最好去找性諮商師說出閨房瑣事，學習性表達與性溝通，才能進入改良性實作。

〈案例二〉的案主對男友印象不錯，當他是很好的炮友，這個人很單純很安全，所以每次都應允赴約且主動有親密行為。她的動情激素分泌旺盛，肉體上的慾求對她而言很重要，目前追求的只是性不是愛。男方完全不能了解，還一直以為有了親密關係就可以發展感情，他以為性就是愛，目前只是觀念不同的僵局。

這兩個人根本就不適合在一起，男生不會甘心只當炮友，也無法忍受女友與其他人有親密行為，擔心遲早會被女友拋棄，繼而就會嚐到失戀之苦，以為自己不能滿足女友的需求，可能還會怪罪自己。只有當他向外求助，他才能了解兩個人完全不適合，觀念與交往目的不同，女生根本是個玩家，自己的愛情觀也需要改正，親密關係不等於愛情。有了正確的性愛感情觀才能重新出發。

〈案例三〉的王女嘴上說男主角是她的最愛，行動上卻與別人分享她的身體，還說不算出軌，因為她認為她有報備。這當然是非常錯誤的性愛感情觀。如果她是單身沒男友，不論她的觀念如何，和什麼人有親密行為，那是她的自由。但她已經跟案主談戀愛半年，生理無法得到滿足，乃直接要求另找炮友。

一直以為性愛合一的男主，因為「愛」王女而委曲求全，心裡卻無法認同女友的觀念，難以忍受女友在外的行為，想得越多就越痛苦。他的忍受是有限度的，再過一段時間就會爆發，平常的相處就會開始吵架，兩人都持負面情緒，做愛也不會快樂，王女遲早會因身心不滿足而離開他，這是很明顯且可以預料的。

只有當男主被傷得遍體鱗傷，他才會看清王女是個性愛感情觀扭曲的女性，根本不值得愛。當初在一起固然是互相吸引，也因為性愛激情，最後卻毀於性愛觀念的差異。

愛的叮嚀

兩個人從有好感到產生情愫而進入親密關係，成為情侶，剛開始一定是甜蜜的，慢慢地就會有一些問題在關係中產生，而性事經常是危機的導火線。

性是很複雜的，有生理也有心理，而愛則是要慢慢培養，且要經過考驗。剛開始成為伴侶，其實是性大於愛，但是有情在，所以感覺很好。在關係中投入很多感情則性愛容易合一，但只要有一方的觀念是性愛分離，則另一方原本是因為愛而有性，就會覺得被背叛而受傷，如果性觀念不能改變，雙方就無法進行性溝通。伴侶關係就會卡住，不進則退，最後只能走上分手之路。

20 信任危機悄悄來臨

朋友有很多種，不論何種性別，泛泛之交或不熟的朋友通常不會談得很深入，但若是交心的好朋友，無話不談，則彼此的信任感就很深。情侶們剛開始都很甜蜜，注意力都在對方身上，一心享受彼此相處的愉悅，聊天也好，分享美食，參加活動或進入親密關係，都覺得自己是最幸福的人，出雙入對，二位一體，非常了解對方且信任彼此。

但交往一陣子後，感情趨於穩定，互動比較有規律，各自也開始恢復原本的生活，除了自己既有的生活圈與活動，也會開始有共同的朋友，另一半不見得會跟每個人或每件事都融成一片，有些問題會在這時悄悄產生，甚至有些事情就會造成一方或雙方的不信任，自己的心好像已經無法完全放在對方身上了，於是開始疑神疑鬼，信任危機便開始潛伏在關係中。

案例一：誤會造成疑心病

我們交往三年了，感情一直很穩定，當然有時候會有小爭執，但都無傷大雅。只是半年前，有一次小美看到我的手機定位半夜還在外面，打電話問我，就跟她說手機定位壞掉，但是她不信，居然跑到我定位的地方想要堵我，我當然是不在場。我很不高興她認為我騙她。之後我們的感情開始出現裂縫，感覺小美言行舉止都很不信任我，我其實也沒做什麼對不起她的事。有時候我是真的想要自由，所以對小美越來越失望，而她總是理直氣壯地認為自己沒錯，真的很無言。

這件事一直橫在我們之間，我又沒前科，小美不相信真的是定位壞掉，跑去定點堵我，這樣的行為是對的嗎？到底要怎麼樣才能讓彼此都有安全感跟信任感？如果我們對這段感情已經不再有信任感，還要在一起嗎？

案例二：男友出軌，還能信任他嗎？

交往四年，感情一直很好，但一年半前男友一時衝動有了一次出軌行為。當時我們吵架冷戰，關係陷入低潮，但經過幾個月的調整與溝通，我選擇原諒他，繼續在一起。表面上關係是修復了，他也承諾會改變，但這件事在我心中始終像一根刺，無論他再怎麼努力修復，我時常都會懷疑他的行為，甚至會過度敏感。

最近我發現自己變得越來越無法相信他，也知道這樣做會傷害我們的關係，雖然他已經表示過他對這段感情很認真，但我不知道該怎麼處理這種不安的感覺，真的還能繼續走下去嗎？

問題原來是這樣！

〈案例一〉中的兩人，交往久了感情穩定後，兩個人也不是天天在一起，各自有自己的事情要做，而每個人個性不同，小美就是有那種患得患失的特性，也許那一陣子兩個人比較少見面，小美想念男友，就隨手拿起手機檢查定位，發現人居然在外面，不安全感立刻上升，疑惑及難受充滿了內心，竟衝動地跑去定位處。雖然是撲空，且男友解釋是定位系統壞掉，內心仍疑惑，甚至有幾分認定男友說謊。這樣的想法一直在腦海裡揮之不去，兩人相處時小美的情緒起伏，不是很平穩，常因疑心而使言詞流露不信任及刺探。

信任時與不信任時的互動，是可以立刻判別出來的，案主當然覺得很委屈。自己又沒做錯事，且已說明手機定位系統壞掉，女友就是不信，自己雖還像以前一樣對待女友，只是她的態度變了。案主從來沒想過，三年穩定的感情就因為一件事不被信任，說破了嘴也沒用，也不是沒努力安撫勸慰，漸漸的感到心累了，也看出小美原來是個疑心病重的女孩，擔心成為心理負担，開始萌生分手的念頭。

〈案例二〉中的男友，因一次出軌行為，使兩人關係受到嚴重傷害，女友陷於痛苦的內心交戰，但因都深愛對方，有就出軌的議題溝通協調過，男友悔過道歉，女方也選擇原諒，願意繼續往前走。這是一個決定也是一個關卡。

男友看起來是真心投入這段感情，沒有再犯，雙方平和地繼續維持感情，然而女友卻跨不過這道心理的坎，反而越陷越深。她的思維總會跳回一年半以前的傷害，焦慮、擔心、害怕的情緒在心中醞釀，變得患得患失，始終無法有信任感，自己也感受到這樣的心情與男友互動，他一定會覺得跟以前不一樣，兩個人心中就有疙瘩，互動關係有可能變質，甚至走不下去，更增加了自己的擔心與害怕，心力交瘁。

蕙瑛博士的建議

這兩個案例本來問題不大，因為感情基礎良好，卻因為女生高度缺乏安全感，產生信任危機，把本來可以挽救並恢復的關係弄得岌岌可危。尤其〈案例一〉，女友寧可相信手機定位系統，她認為手機是人設定的，不會錯，但男友的心她無法掌握。她的成見導致她認為除了手機定位事件之外，男友有可能還隱瞞其他事情，所以越想越害怕，越來越不信任。

這真的是她個性上的問題，也許在生活中本來就不太信任別人，這又源自她對自己的信心與對一些事情的看法，她可能不自知，也只有在她更痛苦之後，很想找人傾吐時，去尋求專業幫助，對她的個性成長與人格成熟會有很大的幫助，對感情的修護更是有益處，案主不妨不著痕跡地在一旁敲邊鼓。

如果自認沒有做錯事，於心無愧，且已盡量去應對女友的言行，安撫她的情緒，仍未見改善，當然有可能是他不懂得溝通，說的話沒有進入女友的內心，所以在女友接受個人諮商一段時間後，案主其實可以加入一起做伴侶諮商，學習雙方如何表達及溝通，兩個人都有強烈的意願，則這段感情還是有前瞻性的，只是男生會辛苦些，但在放棄之前還是要再給雙方一個機會，以後才不會後悔。

「一朝被蛇咬，十年怕草繩」，這是人的心理，但是在注重心理衛生的現代，個人就是要強化自己的優點，發揮潛能，並改進自己的缺點或弱點。〈案例二〉中的小雪，固然被男友的一次出軌傷得很重，但是男友有信守諾言，真心相待，也算是在幫她療傷，重要的是自己要幫助自己，但是小雪反而越陷越深，不知道這跟她的成長背景有沒有關係，因為人的個性，隨著時間，在與環境的互動中逐漸形成。她也知道自己的內心想法與負面情緒會阻礙美好關係的發展，但克制不了自己的不信任感，又很怕失去目前的關係。如果再不採取行動，感情如逆水行舟，不進則退。所以她一定要自救，也就是自助、他助而後天助也。

小雪不妨坦白告訴男友需要他的幫助，談談從出軌到現在雙方的感覺與期待，而不是對這個議題敏感、避而不提。開放自己的內心，男友就會感受到她的誠懇與渴求，雙方可以一起做以下這些事情。

1. **互相傾訴：**傾聽及說出彼此的感受和顧慮，要學習從對方的角度來設想來感覺。
2. **從互動中建立小目標：**約定每週抽出一些時間來深入溝通與兩人相關的議

題，這樣就能夠真正了解對方的想法，進入彼此的心靈。

3. 一致的行為：信任的重建需要時間和一致的付出，個人的行動要和言語相符，給彼此創造安全感，尤其是男友要多給女生安全感。

4. 尋求心理諮商：專業助人者的引導可以指出兩人的盲點或者對愛情一些不正確的觀念，並教導有效的溝通方式，兩人才能在諮商歷程中獲得自我賦能，同心去解決問題。

♥愛的叮嚀♥

信任是關係中很重要卻很脆弱的一環。遇上信任危機，千萬不要被自己內心的負面情緒打敗，需要放下偏執，勇敢的與自己和對方交流，才能趕走心中的不安與疑慮。這並非能一蹴而就，而是需要時間去培養和建立的。

最近網路上常提到借助現代科技，如ＡＩ工具，能幫助伴侶提升在溝通與理解上的能力，這些工具可以提供多種創意的情感建議，促進更好的交流與溝通，還滿有趣的，不妨嘗試看看。

21 戀愛的下一步是同居嗎？

有些大學生情侶在校外租屋同居，父母並不知情，都以為是室友。他們大部分是為了方便約會，住在一起可以天天甜蜜相處，一方面互相支持陪伴，一方面也召告全校名花／草有主了。只是這樣的同居關係真的會讓感情更加溫、更穩固嗎？同居後分手的傷痛會比未同居的戀愛更慘痛嗎？

婚姻研究顯示，年紀越輕的同居者，步入禮堂的比例要比成年期同居或中年期同居的情侶小很多。也就是說，他們的同居不是為結婚做準備，是年輕的激情催化成的。年紀越大的人同居，他們是認真想要知道彼此能不能在一起生活，也懂得以互相磨合或退讓來和平相處，不然就各過各的，何必要同居呢？

案例一：女友要求同居引發焦慮與疑惑

和女友交往三年多，即將大學畢業，我們很相愛，也都見過雙方家長了。

最近女友一直提要先同居再結婚，但我都嘗試轉移話題避而不談，其實內心很焦慮，因為我很害怕同居會像朋友說的，會失去個人獨立的空間和自由，畢竟我一向不喜歡被約束，尤其每天按時回家。她對我幾次的反應越來越不悅。

這的確讓我很矛盾，基於對女友的愛，我對兩人未來也有期待，只是心理一直在抗拒，想要知道同居和結婚這兩件事是必要的嗎？以及該如何克服恐懼？

案例二：和前任是否不該再聯絡？

因工作關係認識前男友B男，之前交往了三年，都是同居的狀態，因為兩個人都和家裡關係不好，形成了自己的家，都把彼此當成家人，互相照顧、支持與分享。但到了交往後期，兩人關係越來越不像戀人，雖有性生活卻不若以往活潑熱情，比較像同居的室友。某天我發現B男偷偷使用交友軟體，便提出分手，他也無異議，兩人於是和平分手。我們雖然沒有愛情的感覺，但還是將對方視為家人般的存在，一直保持通訊軟體上的往來，關心彼此的生活，沒有見面。

一段時間後我交了新男友A男，兩人感情很好，A男非常符合我對伴侶的期待。唯一的問題是他非常介意B男的存在，希望我和B男可以完全斷絕聯絡，封鎖對方。想問和前任是否不該再聯絡？我應該要怎麼做才是正確的呢？

問題原來是這樣！

三年多的大學戀愛生活，感情融洽，雙方家長也都無異議，非常順利。眼看就要進入一個新的人生階段，女友比較傳統，想要有安全感，所以屢次提及先同居而後結婚。但對於案主來說，從學校進入社會正是應用所學，在工作上有發展的初始階段，一方面要為工作打拼，一方面也可以過單身的社會新鮮人生活，還沒有要規劃同居及結婚。兩人對人生的近程期待完全不同。

大學一畢業就先同居，當然是為結婚做準備，但同居生活真的不比單身生活，兩人要互相適應磨合，光是靠戀愛時的感情是不夠的。現實中有很多生活瑣事會開始因歧見而起摩擦，既要照顧家庭生活，又要去適應工作。並不是每個人大學畢業後都能很成熟，還要在社會中多磨練幾年，看到更多的人生百態，自己才能有所領悟而成長，當雙方都準備好了再同居也不遲，其實到那時也可以省掉同居的階段直接進入婚姻了。當然也有可能因為個人更成熟，發展方向不同，也覺得彼此的發展是背道而馳，演變成因了解而分開。

〈案例二〉中的幼梅和B男一出社會工作經濟可以獨立，也因兩人家庭關係疏離，境遇相似，互相憐惜，所以在外租房同居，以為是相愛情侶。剛開始一定是甜蜜的，但住在一起久了，各人個性展露無遺，發現親情多於愛情，關係的發展越來越不像情侶，倒像家人好友，但也能和平相處。直到幼梅發現男友偷偷使用交友軟體，就明白他的心已不在自己身上，彼此還是當家人好了，和平分手，關係轉換成類家人朋友。

新男友介意B男仍存在於幼梅的生活中，主要是因為他們以前同居過，曾經如此親密，所以他耿耿於懷，甚至還會擔心是否有死灰復燃的可能性，非常沒有安全感，乃要求幼梅與B男完全斷絕來往，她覺得自己沒做錯事，為什麼要因為現任男友而懲罰自己跟前任男友呢？可是又很怕失去A男，因此陷入兩難。

蕙瑛博士的建議

〈案例一〉中的大坤是主訴求者，他很愛女友，雖然對她的要求避而不談，但心中不想讓女友失望，想要尋求協助，克服對同居及結婚的恐懼，來實現她的願望。但他還沒有在社會中吸取經驗，同時也還沒享受個人的獨立空間與自由，就要進入類似家庭生活的同居關係，以後在日常生活中很可能因小事而起摩擦，到時候大坤就會後悔，且認為自己犧牲很多。

很多大學情侶在大學時就同居了，進入社會工作後分手的比例很高。大學剛畢業進入社會正是要張開眼睛，多看人事物多學習，而不是立刻就聚焦於同居生活，為結婚生活做準備。既然大坤在意女友的心情，口頭跟行動上就都要給女友安全感，並說明畢業後，即使因工作忙碌不能每天見面，彼此的愛仍然鞏固，各自在工作上努力，多累積人際經驗與儲蓄金錢，也能有較長的時間來規劃婚姻。可以兩三年後再同居，而不是現在。

大坤要跟女友多溝通，讓她瞭解一畢業就同居，固然是愛情的伸延，但也有可能是各自在工作上發展的阻礙，讓她深信結婚是需要較長時間的準備與規劃，兩個人可以各自發展職涯，同心規劃婚姻。

〈案例二〉中的幼梅自己分得清楚，與前男友的關係已完全轉化為類家人朋友，雙方都不可能再產生愛情，因為以前的感情本來就不是愛情，兩人是因為渴求家庭溫暖而在一起。她必須要有能力說服現任男友，這可要大費唇舌，要從自己的原生家庭說起。男友如果真的愛她，就得用心傾聽，同理了解，然後接納她的說辭相信她。

幼梅和男友感情這麼好，當然要強調兩人的緣分，如果當初和B男是愛情的話，現在就不會跟A男在一起了。請他不要為過去的事情介意，因為那已經不存在現實生活中了，現在真的是像朋友家人，甚至比自己的家人關係還好，而且只是在通訊軟體上互相問好，偶爾分享生活瑣事。幼梅當然要以言語和行動給A男安全感和信任感，也不要介意A男問起她和B男在通訊軟體上聊些什麼。但說起來容易做起來真的難，需要時間、耐心與愛心。當然，如果兩個人願意一起去做心理諮商，學習傾聽、溝通，深入瞭解，成效會比較快。

愛的叮嚀

婚前同居也不是不好，每天都能看到對方，這是情侶最大的渴望，房租及生活開銷平均分擔，省錢方便，也可以更了解對方的習性跟日常生活習慣，才能知道兩人是否真的合適。

但很多事情都有一體兩面。天天住在一起絕對原形畢露，好壞特質均一覽無遺，好的特質日子久了認為理所當然，不好的特質才剛發現就覺得很難忍耐，於是開始有摩擦與衝突。再加上日夜相處同床共枕，發現越來越沒有自己的獨立空間，獨處時間變少了。有時候真的很想掙脫愛巢小空間，並不是不再愛對方，而是因為太過於習慣對方的存在，以致造成較少的親密互動，甚至對性生活的慾望沒有像以往那麼熱情，熱戀的感覺不若以往，感情越來越難維繫。

就跟結婚一樣，牆外的人想進入牆內，沒有同居的人很想嚐試同居的滋味，同居之後才知道有苦又甜，個性成熟又互相愛得深的伴侶，自然繼續欣賞彼此優點，改進缺點，包容缺點，通過試婚的考驗而走入婚姻；也有因不能忍受，認清了彼此真的不合適，無法繼續生活而分手。除了不捨、傷心、難過與失落感外，也給自己留下「前科」——跟人同居過，就像〈案例二〉中的幼梅，前男友成為新男友心中過不去的坎。所以，同居固然是愛侶生活的一種方式，但在同居前還是要慎重考慮。

22 社會新鮮人補修戀愛課

大學畢業找到工作，一邊適應工作累積經驗，一邊也想談戀愛，兩情相悅，除了感情自然升高，也想要發展較長遠的關係，但常常事與願違，不管交往了多久，新的人生階段以及個人所處的環境，總會有些事情發生，每個人的應對態度不同，應變能力通常跟個性及成熟度有關，也因為每個人都有自己的想法，看待這段感情關係的角度跟感覺並不一樣，所以就會有人非常煩惱。

案例一：抽菸舒壓，感情加壓

我倆在大學時相識，畢業後才開始交往，已滿一年，交往初期我還沒有抽菸的習慣，兩人和睦相處，雖有小吵，但不會吵過夜，感情可說是床頭吵床尾合，在朋友眼中是模範情侶。後來進入社會，必須適應新工作和新同事，加上生活開銷等種種生活壓力，開始會與同事在休息時間抽菸聊天，時間久了便養成習慣。

女友得知我開始抽菸後揚言要跟我分手，雖然我深愛著她，但女友本身也有工作，實在無法給我所需的情感依賴，所以我始終克制不了想抽菸的衝動。

我是否應該為愛戒菸，或是在不被女友發現的情況下偷偷抽，或是該順她的意跟她分手，擁抱自由但孤獨的人生？但如果女友願意退讓一步，會不會讓這段關係變得更好？

案例二：上夜店療傷，情更傷

因為失戀的關係，想要轉移注意力，找朋友一起去夜店，希望能多社交，認識新朋友，就在某天，有個完全是我理想型的男生來跟我搭訕，我們聊得非常好，慢慢地有了曖昧的感覺。

西蒙開始會安排出遊，這些行程都是我平常隨口說出想去的地點，他都會提前安排好，在約定的時間來接我，在他的各種細心中我漸漸喜歡上他，他也時常有超出曖昧的話和舉動。但西蒙有個缺點，就是他每週幾乎都會和朋友一起去夜店，我都知情，但因為身分的關係不好加以限制，他去夜店都說他不會去認識別的女生，而我每傳訊息給他，也是馬上秒讀秒回，讓我比較放心一點。

就在我已經完全喜歡上西蒙，身邊的朋友也都覺得我們很有機會時，他漸漸的回訊息很慢、很敷衍、愛說大話，我立刻察覺到不對勁，仔細觀察後發現他好像在夜店遇到了別的女生，雖然我早知道會發生，但真正遇到時一整個抽離不了，非常難過，尤其是西蒙在相處過程中給了我很多承諾，這是令我最無法釋懷的部分，請問我該如何調適快要有結果的曖昧突然停止的心情？

問題原來是這樣！

〈案例一〉中的男女主角，大學剛畢業還帶著學生的氣息，所以交往比較單純，進入社會工作後，傳統男性責任感加上工作環境的關係，尚文開始感到工作與生活壓力，而女友自己也在努力適應工作。有時間見面兩人還是愉快地相處，但是當女友發現尚文染上了抽菸的習慣，開始無法忍受，揚言不戒菸就分手。

尚文上班時在同事的慫恿下跟著一起抽菸，起先是好玩，後來邊聊天邊抽菸，進入了公司人際次文化，不知不覺養成了習慣，明知女友不喜歡，但已經戒不掉了。尚文當然會尊重女友，若下決心也是能戒菸的，但他在公司也不能不從眾，怕被嘲笑圍剿，對他而言的確兩難。而女友似乎態度堅決，不知是威脅還是真的會因為男友是菸槍而分手，女生自己也要斟酌，很多事情不是只有「YES」和「NO」，尤其是感情的事，也許有其他的選擇。

上班族的經濟稍微寬裕，休閒的方式與大學時代不同，夜店也是許多人愛去的聚會場所，只是有的人偶爾為之，有的人卻好此道。〈案例二〉中的雅姿是為了逃避失戀的傷痛，邀請同事朋友去夜店玩，沉浸在聲光音樂之中，也藉喝酒跳舞認識新朋友，而前來搭訕的西蒙正好是她中意的典型。

當時是男有情女有意，西蒙乃不遺餘力地追求，他的體貼、細心很快就填滿雅姿空虛的心，對她而言，雖尚無親密關係，心裡幾乎已經認定他了。可惜這樣的關係維持不到一個月，習慣跑夜店，喜歡新鮮感，閱人無數的西蒙可能已經有了新歡，態度大變，愛理不理，不再以雅姿為生活重心，沉浸在美夢中的雅姿明顯感覺到，明知該醒來卻無法清醒，非常痛苦，不知如何調適。

對〈案例一〉中的尚文而言，抽菸雖不是好習慣，卻是可被接受的行為，也是公司人際次文化，而女友視抽菸為不良習慣，可能跟家教有關，她不能忍受男友這個習慣。由此可見，兩個人帶著不同背景單純的在交往，到這時終於碰到一些原本在生活中不存在的問題，產生矛盾與衝突。也就是說兩人的價值觀與人生哲學一定有很多的不同，只是一直沒有去碰觸，加上每個人都有自己的個性，也身處不同的工作環境，使得越來越多的歧見與差異慢慢出現。

兩個人不要光執著於抽菸的議題，就為了這件事分手好像不太值得。應該經常誠懇、用心地聊天溝通，了解彼此的三觀與人生態度，才能更確定雙方是否合適。最重要的是要聆聽、深入認識跟了解對方，哪些地方可以調適，哪些地方無法改變。一方面溝通協調，一方面繼續交往，經過一段時間彼此就會明白，要分要合心裡便有數。或是兩人共同去做心理輔導／感情諮商，也是一個方法。

喜歡去夜店的男生並非都不可靠，但〈案例二〉中的西蒙是夜店常客，情場高手，憑他的長相與殷勤手段，很容易釣上女生，而雅姿在失戀之時最需要的是體貼關切，她用西蒙的虛情假意來修復自己的傷痕，每天變得很快樂，身邊朋友也感到寬慰。雙方交往都有曖昧期，但雅姿這個情況也太過頭了，西蒙說什麼她都相信，甚至已經認定他是男友了。她和身邊朋友都忽略了要多觀察西蒙的真面目。

甜蜜期只維持了一個月西蒙就露出真面目，他可能也覺得雅姿對他的依賴越來越深，他只想找可以玩玩的夜店女孩，所以開始打退堂鼓，於是熱情不見了，雅姿卻還執著於曖昧期間西蒙給的許多承諾，走不出來，原因在於她放了太多的感情進去。眼睛睜大一點來看，西蒙根本就沒投入感情，他用的是手段。當然這是不好的結果，但雅姿如果要救自己就不能往壞處想，免得二度失戀情更傷。一定要有正向思考往好處想，在失戀療傷期間碰到一個玩家，陪她玩了一個月，讓自己做了一個美夢，也學到人生經驗，看清了男人有千百種，而且談感情不是光享受被追求或一拍即合，而是應多方觀察慢慢培養，當作「不經一事，不長一智」。

雅姿其實還是要去找諮商輔導，因為她可能還沒有從前次的失戀中療癒，若要在這次的男女互動中運用正向思考，其實這根本算不上是戀愛事件，她還需要一段時間有人相陪、有人鼓勵、有人引導。

愛的叮嚀

我們常說對人要尊重要誠懇，不論是同事關係、家庭關係、或愛情關係中都是如此，但絕對不能忘記也要對自己尊重，自己也要誠實。〈案例一〉中的尚文居然想過是否在不被女友發現的前提下偷偷抽菸，這當然是有風險的，也是對自己不誠實，對女友不尊重，最終可能導致分手。

〈案例二〉中的西蒙生性好玩，享受夜店的情調與在夜店認識女生的刺激，表面上好像有尊重女性，其實是玩弄手段，只為自己喜好，不顧對方感受，當然是誠懇不夠尊重不足，自己的人格也就降低了，希望有一天他能想清楚，為每一段感情負責，讓自己成為一個真正受歡迎的人。

國家圖書館出版品預行編目資料

不是不愛,只是不知道怎麼愛：Z世代的親密困惑 / 林蕙瑛著.
-- 初版. -- 新北市：金塊文化事業有限公司, 2025.07
面； 公分. -- (智慧系列；19)
ISBN 978-626-99193-4-5(平裝)
1.CST: 兩性關係 2.CST: 戀愛

544.7　　　　114007195

智慧系列19

不是不愛，只是不知道怎麼愛

——Z世代的親密困惑

金塊文化

作　　者：林蕙瑛
發 行 人：王志強
總 編 輯：余素珠
美術編輯：JOHN平面設計工作室

出 版 社：金塊文化事業有限公司
地　　址：新北市新莊區立信三街35巷2號12樓
電　　話：02-2276-8940
傳　　真：02-2276-3425
E-mail：nuggetsculture@yahoo.com.tw

匯款銀行：上海商業銀行 新莊分行（總行代號 011）
匯款帳號：25102000028053
戶　　名：金塊文化事業有限公司

總 經 銷：創智文化有限公司
電　　話：02-22683489
印　　刷：大亞彩色印刷
初版一刷：2025年7月
定　　價：新台幣320元　港幣108元

ISBN：978-626-99193-4-5（平裝）
如有缺頁或破損，請寄回更換

團體訂購另有優待，請電洽或傳真